メディカル
基礎中国語

劉建 著

白帝社

WEB 上での音声ファイルダウンロードについて

■ 『メディカル基礎中国語』の音声ファイル（MP3）を無料でダウンロードすることができます。
「白帝社」で検索，または下記サイトにアクセスしてください。
http://www.hakuteisha.co.jp/audio/medicalchinese.html
※別途ダウンロードアプリや解凍アプリ（Clipbox など）が必要です。
スマートフォンからは上記 URL を直接入力するか，右の QR コードでアクセスすることができます。

■ 本文中の《　》マークの箇所が音声ファイル（MP3）提供箇所です。ファイルは ZIP 形式で圧縮された形でダウンロードされます。
　　吹込：呉志剛，李洵

■ 本書と音声は著作権法で保護されています。

ご注意
＊ 音声の再生には，MP3 ファイルが再生できる機器などが別途必要です。
＊ ご使用機器，音声再生ソフトに関する技術的なご質問は，ハードメーカー，ソフトメーカーにお問い合わせください。

音声ダウンロードファイルをご利用できない場合は CD をお送りします。
書名（『メディカル基礎中国語』）を明記の上、下記宛にお問い合わせください。
　171-0014 東京都豊島区池袋 2-65-1　白帝社 CD 係
　info@hakuteisha.co.jp

まえがき

　グローバル化の波に押されて日本の医療現場も変わりつつあります。日本在住の中国人が急増している今、看護師をはじめ、医療に携わる人のための中国語教育の必要性が生じています。
　本書は、看護学校や大学などで看護・保健・医療を勉強している学生のためのテキストです。医療現場における常用表現を13の話題に分けて、病院を訪れる中国人患者と基本的な意思疎通ができるよう、中国語の聞く・話す・読む・書く・訳すというような実践的な表現力と応用力を身につけることを目標としています。
　本書の主な構成は次のとおりです。

【発音入門】単語や会話の練習を通して、中国語の表音システムを紹介しつつ、無理なく発音の基礎力を身につけます。
【常用単語】日常生活や医療現場によく使う単語を分類して挿絵をつけ、音読を通して親しみつつ基本語彙を習得します。
【本　　文】より実践的な会話を通して基礎文法や基本文型を理解させ、生きた中国語を身につけるよう工夫しました。
【新出語句】会話中の新出語句およびその日本語訳をあげ、初学者が自主的に予習や復習できるように便宜を与えています。
【基礎文法】初学者に必要不可欠な基礎文法を会話に連動させ、無理なく体系的に習得できるようにこころがけました。
【練習問題】レベル別に練習問題を豊富に用意し、既習内容の理解を確かめつつ、表現力を高めることを目標としました。
【常用表現】医療現場におけるとっさの中国語を12項目にわけて日本語訳をつけ、応用力を高めるよう編集しました。
【語彙索引】辞書を使わず習得できるよう配慮し、【本文・文法・練習】に使われる単語に日本語訳をつけてまとめています。

　本書は、看護学校や大学などで看護・保健・医療を勉強している学生だけでなく、医療現場で今すぐ基本的な意思疎通が必要な看護・保健・医療に携わるスタッフも活用できるものだと思います。本書の執筆にあたり、京都大学の阿辻哲次先生、北京大学医学部の楊銘先生からご助言やご鞭撻を頂きました。厚く御礼を申し上げます。
　本書は2011年医療図書専門のメディカ出版から『看護・保健・医療スタッフの基礎中国語』として出していただいたが、売り切れを機にメディカ出版社長・長谷川素美氏の了解を得て、中国語図書専門の白帝社から版を改めて出版することにしました。快諾してくださった長谷川社長と白帝社佐藤康夫社長に心から謝意を申し上げます。

2016年9月　著者

目　次

まえがき ………… 3

第1課　发音入门（発音入門）〈1〉……………………………………………… 7
　❖発音の表記　❖声調記号　❖記号の位置　❖単母音　❖子音
　❖練習問題　❖一口会話

第2課　发音入门（発音入門）〈2〉……………………………………………… 10
　❖複母音（1）　❖特殊母音　❖軽声　❖練習問題　❖一口会話

第3課　发音入门（発音入門）〈3〉……………………………………………… 13
　❖複母音（2）　❖声調の変化　❖隔音記号　❖練習問題　❖一口会話
　❖授業用語

第4課　自我介绍（自己紹介）…………………………………………………… 17
　❖常用単語：職業　❖会話　❖新出語句　❖人称代詞　❖指示代詞（1）
　❖名詞述語文　❖構造助詞"的"（1）　❖普通疑問文　❖練習問題

第5課　医院指南（病院案内）…………………………………………………… 21
　❖常用単語：数詞　❖会話　❖新出語句　❖指示代詞（2）　❖方位詞
　❖存在文　❖疑問代詞疑問文（1）　❖選択疑問文　❖練習問題

第6課　问诊确认（問診確認）…………………………………………………… 25
　❖常用単語：親族　❖会話　❖新出語句　❖所有文　❖量詞　❖正反疑問文
　❖疑問代詞疑問文（2）　❖"多"の用法　❖練習問題

第7課　既往病史（既往病歴）…………………………………………………… 29
　❖常用単語：飲食　❖会話　❖新出語句　❖動詞述語文　❖動態助詞"过"
　❖動態助詞"了"　❖構造助詞"的"（2）　❖疑問代詞の特殊用法　❖練習問題

第8課　诊断治疗（診断治療）…………………………………………………… 33
　❖常用単語：症状　❖会話　❖新出語句　❖形容詞述語文　❖副詞の用法
　❖構造助詞"的"（3）　❖構造助詞"地"　❖主述述語文　❖練習問題

第 9 課　骨折疗养（骨折療養）……………………………………………………37
　　　❖常用単語：運動　❖会話　❖新出語句　❖助動詞　❖形容詞の重ね型
　　　❖"呢"の用法　❖練習問題

第10課　对症下药（問診処方）……………………………………………………41
　　　❖常用単語：時間・時刻　❖会話　❖新出語句　❖語気助詞"了"　❖時量補語
　　　❖動量補語　❖練習問題

第11課　答疑解难（問題解決）……………………………………………………45
　　　❖常用単語：施設　❖会話　❖新出語句　❖介詞（前置詞）　❖処置文
　　　❖疑問代詞疑問文（3）　❖練習問題

第12課　预约就诊（予約通院）……………………………………………………49
　　　❖常用単語：期日　❖会話　❖新出語句　❖進行の表現　❖動態助詞"着"
　　　❖動詞の重ね型　❖練習問題

第13課　外科急诊（外科急診）……………………………………………………53
　　　❖常用単語：乗物　❖会話　❖新出語句　❖受身の表現　❖方向補語
　　　❖構造助詞"的"（4）　❖練習問題

第14課　住院生活（入院生活）……………………………………………………57
　　　❖常用単語：症状　❖会話　❖新出語句　❖様態補語　❖比較の表現
　　　❖数量補語　❖練習問題

第15課　日常交际（日常交際）……………………………………………………61
　　　❖常用単語：趣味　❖会話　❖新出語句　❖結果補語　❖可能補語
　　　❖心理動詞　❖練習問題

第16課　康复出院（快復退院）……………………………………………………65
　　　❖常用単語：行動　❖会話　❖新出語句　❖近未来の表現　❖兼語文
　　　❖構造助詞"的"（5）　❖練習問題

常用表現

〈1〉 日常寒暄（あいさつ） ……… 69
〈2〉 院内设施（院内施設） ……… 71
〈3〉 挂号候诊（受付待合） ……… 73
〈4〉 身体部位（体の各部） ……… 75
〈5〉 病名症状（病名症状） ……… 77
〈6〉 问诊治疗（問診治療） ……… 79
〈7〉 注射点滴（注射点滴） ……… 81
〈8〉 常规检查（一般検査） ……… 83
〈9〉 特殊检查（特殊検査） ……… 85
〈10〉 住院出院（入院退院） ……… 87
〈11〉 付款窗口（会計窓口） ……… 89
〈12〉 药房指南（薬局案内） ……… 91

語彙索引 ……… 93
地図

【略語一覧】

[名]	名詞	[形]	形容詞
[代]	代詞	[接]	接続詞
[動]	動詞	[感]	感嘆詞
[副]	副詞	[応]	応対語
[介]	介詞	[方]	方位詞
[数]	数詞	[慣]	慣用語
[量]	量詞	[数量]	数量詞
[助]	助詞	[助動]	助動詞
[連]	連語	[接頭]	接頭辞
[成]	成語	[接尾]	接尾辞

●表紙デザイン：細谷桃恵　●本文イラスト：淺山友貴

第1課
发音 入门【1】
Fāyīn rùmén

● **発音の表記**

中国語の発音はローマ字（ピンイン）で表記し、母音と子音に分けられる。その音節は、子音＋母音（単・複母音）・単母音・複母音のいずれかによって構成される。

例）　子音＋母音：mā（妈）

　　　単　母　音：ā（阿）

　　　複　母　音：ōu（欧）

《002》● **声調記号**

中国語の標準語には4つの声調がある。同じ音節であっても、声調によって漢字や言葉の意味が異なる。

第1声	─	高く平らに伸ばす	mā（妈）
第2声	╱	一気に上げる	má（麻）
第3声	∨	低く抑えて	mǎ（马）
第4声	╲	一気に下げる	mà（骂）

● **記号の位置**

1）母音の上につける。
2）複母音の場合，"**a**" がなければ，"**o**" か "**e**" の上につける。
3）"**i**" と "**u**" が並べば後の方につける。
4）"**i**" の上につけるとき，（・）を省いてつける。
5）"**j**" "**q**" "**x**" の後の（ü）につけるとき，（¨）を省いてつける。
6）軽声には声調記号をつけない。

《003》● **単母音**

中国語の母音は単母音と複母音に分類される。単母音は次の6つである。

a	日本語のアより口を丸く開く	ā（啊）	i〔yi〕	日本語のイより口を横に引く	yī（一）
o	日本語のオより唇を丸くする	ō（哦）	u〔wu〕	日本語のウより唇を突き出す	wū（屋）
e	舌を下げて奥に引き息を出す	ē（阿）	ü〔yu〕	日本語のユの形でイを言う	yū（迂）

＊〔　〕内は、前に子音がつかないときの表記法である。

《004》 ●子音

中国語の子音は次の２１である。発音の部位によって、以下のように分けられる。

	唇音	舌尖音	舌根音	舌面音	そり舌音	舌歯音
無気音	b (o)	d (e)	g (e)	j (i)	zh (i)	z (i)
有気音	p (o)	t (e)	k (e)	q (i)	ch (i)	c (i)
	m (o)	n (e)	h (e)	x (i)	sh (i)	s (i)
	f (o)	l (e)			r (i)	

＊（ ）内は子音練習用の母音

《005》 １．子音（１）

唇音	舌尖音	例			
b (o)	d (e)	bō	（波）	dé	（徳）
p (o)	t (e)	pō	（坡）	tè	（特）
m (o)	n (e)	mō	（摸）	nè	（讷）
f (o)	l (e)	fó	（佛）	lè	（乐）

２．子音（２）

舌根音	舌面音	例			
g (e)	j (i)	gē	（歌）	jī	（机）
k (e)	q (i)	kē	（科）	qī	（七）
h (e)	x (i)	hē	（喝）	xī	（西）

３．子音（３）

そり舌音	舌歯音	例			
zh (i)	z (i)	zhī	（知）	zī	（资）
ch (i)	c (i)	chī	（吃）	cī	（疵）
sh (i)	s (i)	shī	（师）	sī	（私）
r (i)		rì	（日）		

❖ 練習問題

《006》 一．無気音と有気音の区別に注意して読んでみましょう。

1) bà （爸） 2) bù （布） 3) dǎ （打） 4) dǐ （底）
　 pà （怕） 　 pù （瀑） 　 tǎ （塔） 　 tǐ （体）

5) gē （哥） 6) gǔ （古） 7) jī （机） 8) jū （居）
　 kē （科） 　 kǔ （苦） 　 qī （七） 　 qū （区）

《007》 二．そり舌音と舌歯音の区別に注意して読んでみましょう。

1) zhì （治） 2) chǐ （齿） 3) shī （师） 4) shì （市）
　 zì （自） 　 cǐ （此） 　 sī （私） 　 sì （四）

《008》 三．発音された方に"✓"をつけなさい。

1) ☐ shìlì （視力）　　☐ shīlǐ （失礼）
2) ☐ sìjì （四季）　　☐ sījī （司机）
3) ☐ zìjǐ （自己）　　☐ shīqì （湿気）
4) ☐ shíyù （食欲）　　☐ sīyǔ （私语）
5) ☐ zhùshè （注射）　　☐ chūsè （出色）

《009》 四．発音を聞いて声調記号をつけなさい。

1) wuli （物理） 2) yuyi （雨衣） 3) mamu （麻木） 4) nuli （努力）
　 wuli （无礼） 　 yuyi （浴衣） 　 mabu （抹布） 　 duli （独立）

5) jiji （积极） 6) xiqi （稀奇） 7) diwen （低温） 8) gequ （歌曲）
　 jili （吉利） 　 xiqi （吸气） 　 tiwen （体温） 　 geju （歌剧）

《010》 ●一口会話

A. 你们好！　　Nǐmen hǎo!　　皆さん、こんにちは。
B. 老师好！　　Lǎoshī hǎo!　　先生、こんにちは。
　　　　　　　　　＊　＊　＊
A. 谢谢！　　　Xièxie!　　　　ありがとうございます。
B. 不客气！　　Bú kèqi!　　　どういたしまして。
　　　　　　　　　＊　＊　＊
A. 再见！　　　Zàijiàn!　　　さようなら。
B. 再见！　　　Zàijiàn!　　　さようなら。

第2課

发音 入门【2】
Fāyīn rùmén

●**複母音（1）**

中国語の複母音は29であるが、＞型・＜型・◇型・鼻母音など、4種類に分けられる。

《011》 1．複母音＞型

前の母音は強く発音し、後の母音は添えるようにしてなめらかに発音する。

＞型		例	
ai	**ei**	āi （哀）	èi （诶）
ao	**ou**	āo （凹）	ōu （欧）

【練習】 wàikē （外科）　láikè （来客）
　　　　 nèiyī （内衣）　fèiyè （肺叶）
　　　　 nǎomó （脑膜）　máoyī （毛衣）
　　　　 tóubù （头部）　tòushì （透视）

《012》 2．複母音＜型

前の母音は軽く発音し，後の母音は強く長く発音する。

＜型		例	
ia [ya]	**ie** [ye]	yā （鸭）	yē （椰）
ua [wa]	**uo** [wo]	wā （蛙）	wō （涡）
üe [yue]		yuē（约）	

【練習】 jiāshǔ （家属）　jiēchù （接触）
　　　　 guàhào （挂号）　guójiā （国家）
　　　　 xuèyā （血压）　xuèyè （血液）

《013》 3．複母音◇型

前半部分をはっきり発音する。

◇型		例	
iao [yao]	**iou** [you]	yāo （腰）	yōu （优）
	(-iu)		liū （溜）
uai [wai]	**uei** [wei]	wāi （歪）	wēi （危）
	(-ui)		tuī （推）

【練習】 xiāodú （消毒）　jiǎoqì （脚气）
　　　　 jiùhù （救护）　niúnǎi （牛奶）
　　　　 kuàijì （会计）　kuàilè （快乐）

《014》 ●特殊母音

中国語の特殊母音"er"はそり舌母音ともいい、舌をそりあげて発音する。単独で音節となることはまれで、多くは接尾辞となり、「儿化音」として用いられる。漢字は"儿"、ピンインは"r"と表記する（"儿"は表記されない場合もある）。

儿化音	例
er	érkē（儿科）

▶「儿化音」の働き

1．［かわいらしさ］や［親しさ］を表す。
  例 xiǎomāor（小猫儿）   xiǎohái r（小孩儿）

2．単語の意味を区別する。
  例 tóu （头）［頭部］ tóur （头儿）［首領］
    báimiàn（白面）［小麦粉］ báimiànr（白面儿）［ヘロイン］

3．品詞を区別する。
  例 ［動］huà（画）［描く］ ［名］huàr（画儿）［絵］
    ［動］bàn（伴）［伴う］ ［名］bànr（伴儿）［同伴者］

《015》 ●軽声

中国語には四声のほかに軽く短く発音する調子があり、"軽声"と呼ばれる。以下の場合は軽声で発音する。

1．名詞、あるいは人称代詞の接尾辞。
  例 bízi（鼻子）   wǒmen（我们）

2．名詞・指示代詞の後につける一部の方位詞。
  例 zhuōshang（桌上） nàli（那里）

3．一部の名詞・動詞の重ね型。
  例 dìdi（弟弟）   huàhua（画画）

4．単語の意味や品詞を区別する。
  例 ［方］dōngxī（东西）［東西］ ［名］dōngxi（东西）［物品］
    ［名］jīngshén（精神）［精神］ ［形］jīngshen（精神）［元気だ］

❖ 練習問題

《016》 一．無気音と有気音の区別に注意して読んでみましょう。

1) duì （对） 2) jiū （究） 3) guā （瓜） 4) guài （怪）
　 tuǐ （腿） 　 qiū （秋） 　 kuā （夸） 　 kuài （快）

5) zài （再） 6) zǎo （早） 7) zhōu （粥） 8) zuǐ （嘴）
　 cài （菜） 　 cǎo （草） 　 chōu （抽） 　 cuī （催）

《017》 二．そり舌音と舌歯音の区別に注意して読んでみましょう。

1) zhài （债） 2) zhǒu （肘） 3) chái （柴） 4) shǎo （少）
　 zài （再） 　 zǒu （走） 　 cái （材） 　 sǎo （扫）

《018》 三．発音された方に "✓" をつけなさい。

1) □ gāoshāo （高烧）　　□ gāocháo （高潮）
2) □ měilì （美丽）　　□ méiyǔ （梅雨）
3) □ jiéhé （结核）　　□ jiéguǒ （结果）
4) □ jiāshǔ （家属）　　□ jiāzú （家族）
5) □ xiāohuà （消化）　　□ xiàohua （笑话）

《019》 四．発音を聞いて声調記号をつけなさい。

1) ai （爱） 2) ya （牙） 3) ye （夜） 4) wo （我）
　 ai （癌） 　 ya （压） 　 ye （也） 　 wo （握）

5) mai （买） 6) wei （尾） 7) yao （药） 8) gou （狗）
　 mai （卖） 　 wei （胃） 　 yao （腰） 　 gou （垢）

《020》 ●一口会話

A. **你好！**　　Nǐ hǎo!　　　　　こんにちは。
B. **你好！**　　Nǐ hǎo!　　　　　こんにちは。
　　　　　　　　＊　＊　＊
A. **你去哪儿？**　Nǐ qù nǎr?　　あなたはどこに行きますか。
B. **我去教室。**　Wǒ qù jiàoshì.　私は教室に行きます。
　　　　　　　　＊　＊　＊
A. **回头见！**　Huítóu jiàn!　　また、あとで会いましょう。
B. **回头见！**　Huítóu jiàn!　　また、あとで会いましょう。

第3課
发音 入门【3】
Fāyīn rùmén

《021》 ●複母音（2）

鼻音子音で終わる鼻母音。鼻母音を日本語の"ン"で終わる発音と対照しながら、"n"と"ng"の違いに気をつけよう。

1.

		例	
an	ang	ān（安）	āng（肮）
ian [yan]	iang [yang]	yān（烟）	yāng（央）
uan [wan]	uang [wang]	wān（弯）	wāng（汪）
üan [yuan]		yuān（渊）	

【練習】 gǎnmào（感冒） gāngqín（钢琴）
　　　　liǎnsè（脸色） liángshuǐ（凉水）
　　　　guānjié（关节） guǎnggào（广告）
　　　　quánshēn（全身）

2.

		例	
en	eng	ēn（恩）	dēng（灯）
in [yin]	ing [ying]	yīn（音）	yīng（英）
uen [wen]	ueng [weng]	wēn（温）	wēng（翁）
(-un)		sūn（孙）	
ün [yun]		yūn（晕）	

【練習】 fēnmiǎn（分娩） fēngzhěn（风疹）
　　　　xīnzàng（心脏） xìngfú（幸福）
　　　　zhǔnbèi（准备）
　　　　jūnyī（军医）

3.

		例	
ong	iong [yong]	dōng（冬）	yōng（庸）

【練習】 zhōngyī（中医） xióngmāo（熊猫）
　　　　gōngzuò（工作） xiōngdì（兄弟）

《022》 ●**声調の変化**
中国語には四声や軽声のほかに、声調が変わる場合もある。

1. 単用・序数・末尾・2ケタ以上の数の10と1の位の"一"(yī)
   例　yībān　（一班）　　　shíyī　（十一）

2. 一 (yī) ＋第一・二・三声 ⟶ (yì)
   例　yìbān　（一般）　　　yì nián　（一年）

3. 一 (yī) ＋第四声 (yí) ⟶ (yí)
   例　yíduì　（一对）　　　yíwàn　（一万）

4. 第三声＋第三声 ⟶ 第二声＋第三声（声調記号は第三声のまま）
   例　nǐ hǎo　（你好）　　　lǐxiǎng　（理想）

5. "不"(bù) ＋第四声 ⟶ (bú)
   例　bù lái　（不来）　　　bú qù　（不去）

《023》 ●**隔音記号**
単母音 "a" "o" "e" で始まる音節がほかの音節の後につく時、隔音記号 " ' " を用いて音節の切れ目を示す。

　　　例　Xī'ān　（西安）　　Xī'ōu　（西欧）

❖ 練習問題

《024》 一．無気音と有気音の区別に注意して読んでみましょう。

1) gàn （干）　　2) bàng （棒）　　3) jiān （肩）　　4) zhuān （专）
　 kàn （看）　　 pàng （胖）　　 qiān （千）　　 chuān （穿）

5) juǎn （卷）　　6) jīn （金）　　7) jīng （京）　　8) gōng （宫）
　 quǎn （犬）　　 qīn （亲）　　 qīng （清）　　 kōng （空）

《025》 二．声調の違いに注意して読んでみましょう。

1) huàn （换）　　2) cháng （长）　　3) bìng （病）　　4) dōng （东）
　 huán （还）　　 chàng （唱）　　 bīng （冰）　　 dǒng （懂）

5) láng （郎）　　6) diǎn （点）　　7) mìng （命）　　8) zhēng （蒸）
　 làng （浪）　　 diàn （电）　　 míng （名）　　 zhèng （正）

《026》 三．発音された方に"✓"をつけなさい。

1) ☐ shénjīng （神经）　　☐ shēnqǐng （申请）
2) ☐ chǎofàn （炒饭）　　 ☐ zǎofàn （早饭）
3) ☐ bǎojiàn （保健）　　 ☐ bǎoxiǎn （保险）
4) ☐ bìnglì （病历）　　 ☐ bìnglǐ （病理）
5) ☐ diǎndī （点滴）　　 ☐ diànqì （电器）

《027》 ●一口会話

A. **你叫什么名字？**　Nǐ jiào shénme míngzi?　　お名前はなんといいますか。
B. **我叫田中太郎。**　Wǒ jiào Tiánzhōng Tàiláng.　田中太郎といいます。
　　　　　　＊　　＊　　＊

A. **你多大了？**　Nǐ duō dà le?　　いくつですか。
B. **我十八岁。**　Wǒ shíbā suì.　　18歳です。
　　　　　　＊　　＊　　＊

A. **对不起。**　Duìbuqǐ.　　すみません。
B. **没关系。**　Méi guānxi.　かまいません。

【授業用語】

1	**请安静！**	Qǐng ānjìng!	静かにしてください。
2	**今天学习第1课。**	Jīntiān xuéxí dì yī kè.	今日は第1課を勉強します。
3	**请翻到第5页。**	Qǐng fāndào dì wǔ yè.	5頁を開いてください。
4	**请听我念**	Qǐng tīng wǒ niàn.	私の発音を聞いてください。
5	**请跟我念**	Qǐng gēn wǒ niàn.	私について読んでください。
6	**下面讲解语法。**	Xiàmiàn jiǎngjiě yǔfǎ.	では、文法を説明します。
7	**请念一下例句。**	Qǐng niàn yíxià lìjù.	例文を読んでください。
8	**请慢一点儿念。**	Qǐng màn yìdiǎnr niàn.	ゆっくり読んでください。
9	**请大声念。**	Qǐng dàshēng niàn.	大きな声で読んでください。
10	**请再念一遍。**	Qǐng zài niàn yí biàn.	もう一度読んでください。
11	**请翻译一下例句**	Qǐng fānyì yíxià lìjù.	例文を訳してください。
12	**下面做练习。**	Xiàmiàn zuò liànxí.	では、練習問題をやりましょう。
13	**下面布置作业。**	Xiàmiàn bùzhì zuòyè.	では、宿題を出します。
14	**有什么问题吗？**	Yǒu shénme wèntí ma?	何か質問はありますか。
15	**今天就到这儿吧！**	Jīntiān jiù dào zhèr ba!	今日はここまでにしましょう。

第4課
自我 介绍
Zìwǒ jièshào

❖常用単語：職業❖

教师 jiàoshī 教員	学生 xuésheng 学生	职员 zhíyuán 職員
医生 yīshēng 医者	护士 hùshi 看護師	药剂师 yàojìshī 薬剤師
工人 gōngrén 労働者	主妇 zhǔfù 主婦	司机 sījī 運転手
厨师 chúshī コック	警察 jǐngchá 警察	演员 yǎnyuán 俳優、役者

《030》● 会話

护士：请问，你们 是 外国人 吧?
　　　Qǐngwèn, nǐmen shì wàiguórén ba?

朋友：是，我们 是 中国人。
　　　Shì, wǒmen shì Zhōngguórén.

护士：您 是 患者 吗?
　　　Nín shì huànzhě ma?

朋友：不 是，他 是 患者。
　　　Bú shì, tā shì huànzhě.

护士：您 好，我 是 外科 的 护士。
　　　Nín hǎo, wǒ shì wàikē de hùshi.

患者：你 好，我 是 中国 留学生。
　　　Nǐ hǎo, wǒ shì Zhōngguó liúxuéshēng.

护士：您 是 复查 吗?
　　　Nín shì fùchá ma?

患者：我 不 是 复查，是 初诊。
　　　Wǒ bú shì fùchá, shì chūzhěn.

《031》● 新出語句

1) 自我　　[名] 自己
2) 介绍　　[動] 紹介する
3) 护士　　[名] 看護師
4) 朋友　　[名] 友人．友達．恋人
5) 请问　　[応] お尋ねします
6) 你　　　[代] 君．あなた．おまえ
7) ～们　　[接尾] ～たち．～ら
8) 是　　　[動] ～だ．～である
9) 吧　　　[助] (推量の意を表す)
10) 是　　　[感] (返事) はい．そうです
11) 我　　　[代] 私．ぼく．おれ
12) 您　　　[代] あなた (敬称)
13) 吗　　　[助] ～か
14) 不是　　[連] そうではない
15) 他　　　[代] 彼
16) 您好　　[応] こんにちは (敬語)
17) 的　　　[助] (限定語を表す)
18) 你好　　[応] こんにちは
19) 复查　　[名] 再診
20) 不　　　[副] (否定を表す)
21) 初诊　　[名] 初診

❖ 基礎文法

《032》 ● 人称代詞

	一人称	二人称	三人称	不定称（疑問）
単　数	我 wǒ	你 nǐ（您 nín）	他　她　它 tā	谁 shéi
複　数	我们 wǒmen	你们 nǐmen	他们　她们　它们 tāmen	

《033》 ● 指示代詞（1）

	近称	中称/遠称	不定称（疑問）
単　数	这 zhè（＋量詞）	那 nà（＋量詞）	哪 nǎ（＋量詞）
複　数	这些 zhèxiē	那些 nàxiē	哪些 nǎxiē

《034》 ● 名詞述語文

名詞述語文とは、特殊な動詞"是"の後につく名詞や数量詞を述語とする文。日付け・年齢・本籍・金額などを示す名詞や数量詞の場合、通常"是"を省略するが、否定文の場合には省略できない。

A. 主語＋述語［(是) 名詞／数量詞］

 1)　他是铃木大夫。 Tā shì Líng Mù dàifu.
 2)　我不是护士长。 Wǒ bú shì hùshizhǎng.

B. "是"の省略

 1)　今天（是）星期天。 Jīntiān (shì) xīngqī tiān.
 2)　林护士不是二十岁。 Lín hùshi bú shì èr shí suì.

《035》 ● 構造助詞 "的"（1）

名詞や人称代詞が名詞を修飾する場合、被修飾語との間に構造助詞"的"を置くが、所属・分野・家族・親友・位置などの場合には、通常"的"を省略する。

A. 名詞／人称代詞＋的＋名詞

 1)　这是医院的轮椅。 Zhè shì yīyuàn de lúnyǐ.
 2)　那不是我的雨伞。 Nà bú shì wǒ de yǔsǎn.

B. "的"の省略

 1)　吉田是内科主任。 Jítián shì nèikē zhǔrèn.
 2)　他不是急诊患者。 Tā bú shì jízhěn huànzhě.

《036》 ● 普通疑問文

語気助詞"吗"を文末につけて疑問を表す。

 1)　他是你男朋友吗？ Tā shì nǐ nánpéngyou ma?
 2)　这是你的书包吗？ Zhè shì nǐ de shūbāo ma?

❖ 練習問題

《037》 一．次の文の＿＿＿＿に語句を入れ替えて読んでみましょう。

1) A：这是 ＿(a)＿ 吗？　　　(a) 止痛药 zhǐtòngyào　　绿茶 lǜchá
   B：不是，那是 ＿(b)＿。　(b) 退烧药 tuìshāoyào　　花茶 huāchá

2) A：你是 ＿(a)＿ 吗？　　　(a) 日本人 Rìběnrén　　　老师 lǎoshī
   B：不是，我是 ＿(b)＿。　(b) 中国人 Zhōngguórén　 学生 xuésheng

3) A：他是你 ＿(a)＿ 吧？　　(a) 朋友 péngyou　　　　老乡 lǎoxiāng
   B：不是，他是我 ＿(b)＿。(b) 同学 tóngxué　　　　校友 xiàoyǒu

《038》 二．発音を聞いて＿＿＿＿に漢字を書き入れ、答えましょう。

1) 你 是 ＿＿＿＿＿＿＿ 吗？　　回答＿＿＿＿＿＿＿＿＿＿＿＿＿＿
   Nǐ shì Zhōngguórén ma?

2) 你 是 ＿＿＿＿＿＿＿ 吗？　　回答＿＿＿＿＿＿＿＿＿＿＿＿＿＿
   Nǐ shì lǎoshī ma?

3) 你 是 ＿＿＿＿＿＿＿ 吗？　　回答＿＿＿＿＿＿＿＿＿＿＿＿＿＿
   Nǐ shì dàifu ma?

4) 你 是 ＿＿＿＿＿＿＿ 吗？　　回答＿＿＿＿＿＿＿＿＿＿＿＿＿＿
   Nǐ shì hùshi ma?

5) 你 是 ＿＿＿＿＿＿＿ 吗？　　回答＿＿＿＿＿＿＿＿＿＿＿＿＿＿
   Nǐ shì xuésheng ma?

《039》 三．ピンインの語順で文を完成させ、和訳しなさい。

1) 我 是 五月 四号 的 生日。　　　Wǒ de shēngrì shì wǔyuè sìhào.
   正解：＿＿＿＿＿＿＿＿＿＿＿　　訳：＿＿＿＿＿＿＿＿＿＿＿＿＿

2) 我 岁 十八 今年 女朋友。　　　　Wǒ nǚpéngyou jīnnián shíbā suì.
   正解：＿＿＿＿＿＿＿＿＿＿＿　　訳：＿＿＿＿＿＿＿＿＿＿＿＿＿

3) 这 的 听诊器 是 你 吗？　　　　Zhè shì nǐ de tīngzhěnqì ma?
   正解：＿＿＿＿＿＿＿＿＿＿＿　　訳：＿＿＿＿＿＿＿＿＿＿＿＿＿

4) 他们 是 不 美国人 吗？　　　　　Tāmen bú shì Měiguórén ma?
   正解：＿＿＿＿＿＿＿＿＿＿＿　　訳：＿＿＿＿＿＿＿＿＿＿＿＿＿

5) 这 是 病历 父亲 您 的。　　　　Zhè shì nín fùqin de bìnglì.
   正解：＿＿＿＿＿＿＿＿＿＿＿　　訳：＿＿＿＿＿＿＿＿＿＿＿＿＿

第5課
医院 指南
Yīyuàn zhǐnán

❖常用単語：数詞❖

一 yī 一	二 èr 二	三 sān 三
四 sì 四	五 wǔ 五	六 liù 六
七 qī 七	八 bā 八	九 jiǔ 九
十 shí 十	十二 shí'èr 十二	一百 yìbǎi 百
一百零一 yìbǎi líng yī 百一	一百一十 yìbǎi yīshí 百十	两千二百 liǎngqiān èrbǎi 二千二百

《041》 ● **会話**

患者：请问，内科 在 一 楼 吗?
　　　Qǐngwèn, nèikē zài yī lóu ma?

护士：内科 不 在 一 楼，在 二 楼。
　　　Nèikē bú zài yī lóu, zài èr lóu.

患者：洗手间 在 哪儿?
　　　Xǐshǒujiān zài nǎr?

护士：洗手间 在 挂号处 旁边儿。
　　　Xǐshǒujiān zài guàhàochù pángbiānr.

患者：二 楼 也 有 洗手间 吗?
　　　Èr lóu yě yǒu xǐshǒujiān ma?

护士：对不起，二 楼 没有 洗手间。
　　　Duìbuqǐ, èr lóu méiyǒu xǐshǒujiān.

患者：谢谢!
　　　Xièxie!

护士：不用 谢!
　　　Búyòng xiè!

《042》 ● **新出語句**

1) 医院　　[名] 病院. 医院
2) 指南　　[名] 案内
3) 在　　　[動] 〜は〜にある・〜にいる
4) 〜楼　　[量] 〜階
5) 洗手间　[名] トイレ. 手洗い
6) 哪儿　　[代] どこ. どちら
7) 挂号处　[名] 受付
8) 旁边儿　[方] 〜そば. 〜横
9) 也　　　[副] 〜も
10) 有　　　[動] 〜に〜がある・〜いる
11) 对不起　[応] すみません
12) 没(有)　[動]（存在の否定を表す）
13) 谢谢　　[応] ありがとう
14) 不用谢　[応] どういたしまして

❖ 基礎文法

《043》 ●指示代詞（2）

近称	中称／遠称	不定称（疑問）
这儿（这里）	那儿（那里）	哪儿（哪里）
zhèr (zhèli)	nàr (nàli)	nǎr (nǎli)

《044》 ●方位詞

方向や位置関係を表す名詞は方位詞ともいう。方位詞には通常、接尾辞"边（儿）・面（儿）"などをつける必要がある。"上"と"里"は名詞の後につく場合、そのまま使える。

	上 shàng	下 xià	左 zuǒ	右 yòu	里 lǐ	外 wài	前 qián	后 hòu	东 dōng	西 xī	南 nán	北 běi	旁 páng
～边（儿） bian(r)	○	○	○	○	○	○	○	○	○	○	○	○	○
～面（儿） miàn(r)	○	○	○	○	○	○	○	○	○	○	○	○	×

《045》 ●存在文

"在""有"を用いて、人や物の存在を表す文。

A．　モノ／ヒト＋在＋場所（＋方位詞）　　［～は～にある／いる］
　　1）银行在医院北边。　　Yínháng zài yīyuàn běibianr.
　　2）林大夫不在病房。　　Lín dàifu bú zài bìngfáng.

B．　場所（＋方位詞）＋有＋モノ／ヒト　　［～に～がある／いる］
　　1）医院前面有车站。　　Yīyuàn qiánmian yǒu chēzhàn.
　　2）第一诊室没有人。　　Dī yī zhěnshì méiyǒu rén.

《046》 ●疑問代詞疑問文（1）

人間・場所・事物を問う場合、疑問代詞"谁""哪儿（哪里）""什么"を用いる。

　　1）你旁边儿的人是谁？　　Nǐ pángbiānr de rén shì shéi?
　　2）妇产科病房在哪里？　　Fùchǎnkē bìngfáng zài nǎli?
　　3）病房楼左边是什么？　　Bìngfánglóu zuǒbian shì shénme?

《047》 ●選択疑問文

"是～，还是～"という文型で、二者択一して疑問を表す。

　　1）她是医生，还是护士？　　Tā shì yīshēng, háishi hùshi?
　　2）那是凉水，还是热水？　　Nà shì liángshuǐ, háishi rèshuǐ?

❖ 練習問題

《048》一．次の文の_____に語句を入れ替えて読んでみましょう。

1) A：　(a)　 在哪儿?　　　(a) 邮局 yóujú　　　儿科 érkē
   B：　(a)　 在　(b)　。　(b) 东边儿 dōngbianr　前边儿 qiánbianr

2) A：　(a)　 有　(b)　 吗?　(a) 房间里 fángjiānli　桌子上 zhuōzishang
   B：　(a)　 有　(b)　。　　(b) 电视 diànshì　　报纸 bàozhǐ

3) A：　(a)　 在哪儿?　　　(a) 厕所 cèsuǒ　　牙科 yákē
   B：　(a)　 在　(b)　。　(b) 一楼 yī lóu　　三楼 sān lóu

《049》二．発音を聞いて_____に漢字を書き入れ、答えましょう。

1) 二 楼 有 _____ 吗?　回答_____
   Èr lóu yǒu　　cèsuǒ　　ma?

2) 大夫 在 _____ 吗?　回答_____
   Dàifu zài　　zhěnshì　　ma?

3) 护士 在 _____ 吗?　回答_____
   Hùshi zài　　bìngfáng　　ma?

4) 医院里 有 _____ 吗?　回答_____
   Yīyuànli yǒu　yákē　　ma?

5) 病房里 有 _____ 吧?　回答_____
   Bìngfángli yǒu　diànshì　ba?

《050》三．ピンインの語順で文を完成させ、和訳しなさい。

1) 李 老师 里 研究室 在 不。　　Lǐ lǎoshī bú zài yánjiūshìli.
   正解：_____　訳：_____

2) 外科 在 五 楼 病房 不。　　　Wàikē bìngfáng bú zài wǔ lóu.
   正解：_____　訳：_____

3) 吸尘器 洗衣机 在 旁边儿。　　Xīchénqì zài xǐyījī pángbiānr.
   正解：_____　訳：_____

4) 书包 电子 词典 没有 里。　　Shūbāoli méiyǒu diànzǐ cídiǎn.
   正解：_____　訳：_____

5) 药房 对面儿 收费处 在 吗?　Yàofáng zài shōufèichù duìmiànr ma?
   正解：_____　訳：_____

第6課

问诊 确认
Wènzhěn quèrèn

《051》
❖常用単語：親族❖

爷爷 yéye （父方）おじいさん	奶奶 nǎinai （父方）おばあさん	姥爷 lǎoye （母方）おじいさん
姥姥 lǎolao （母方）おばあさん	爸爸 bàba お父さん	丈夫 zhàngfu 夫
妈妈 māma お母さん	妻子 qīzi 妻	哥哥 gēge 兄
弟弟 dìdi 弟	姐姐 jiějie 姉	妹妹 mèimei 妹
爱人 àiren 配偶者	儿子 érzi 息子	女儿 nǚ'ér 娘

《052》 ● **会話**

护士：请问，您 叫 什么 名字？
　　　Qǐngwèn, nín jiào shénme míngzi?

患者：我 叫 王 方。
　　　Wǒ jiào Wáng Fāng.

护士：您 多 大 年龄？
　　　Nín duō dà niánlíng?

患者：我 二十二 岁。
　　　Wǒ èrshi'èr suì.

护士：您 有 几 个 兄弟 姐妹？
　　　Nín yǒu jǐ ge xiōngdì jiěmèi?

患者：我 有 两 个 弟弟 和 一 个 妹妹。
　　　Wǒ yǒu liǎng ge dìdi hé yí ge mèimei.

护士：您 父母 有 没有 心脏病？
　　　Nín fùmǔ yǒu méiyǒu xīnzàngbìng?

患者：没有，他们 没有 心脏病。
　　　Méiyǒu, tāmen méiyǒu xīnzàngbìng.

《053》 ● **新出語句**

1) 问诊	[動] 問診する	11) 几	[代] いくつ．いくら
2) 确认	[動] 確認する	12) ～个	[量] (広く用いる量詞)
3) 叫	[動] (名前は)～という	13) 姐妹	[名] 姉妹
4) 什么	[代] なに．どんな	14) 弟弟	[名] 弟
5) 名字	[名] 名前	15) 和	[接] ～と～
6) 王方	[名] 王方（人名）	16) 妹妹	[名] 妹
7) 多大	[連] どのくらいの（年齢など）	17) 两	[数] (量詞の前に用いる) 2
8) 年龄	[名] 年齢	18) 没(有)	[動] (所有の否定を表す)
9) ～岁	[量] ～歳	19) 父母	[名] 両親
10) 有	[動] いる．ある．持つ	20) 心脏病	[名] 心臓病

❖ 基礎文法

《054》 ● 所有文

"有"を用いて、所有を表す文。

○ ヒト＋有＋モノ／ヒト　　［〜がいる／ある・〜を持つ］

1) 太郎有女朋友。　　　　Tàiláng yǒu nǚpéngyou.
2) 雅子没有手机。　　　　Yǎzǐ méiyǒu shǒujī.
3) 您有保险证吗？　　　　Nín yǒu bǎoxiǎnzhèng ma?

《055》 ● 量詞

中国語の量詞には、日本語の量詞（助数詞）と共通のものもあるが、異なるものも随分ある。

A．量詞の分類

1) 一 个　〜学生／小时　　yí　　ge　　〜 xuésheng/xiǎoshí
2) 两 位　〜老师／客人　　liǎng wèi　〜 lǎoshī/kèren
3) 三 本　〜小说／漫画　　sān　 běn　〜 xiǎoshuō/mànhuà
4) 四 片　〜药片／面包　　sì　　piàn　〜 yàopiànr/miànbāo
5) 五 瓶　〜果汁／啤酒　　wǔ　　píng　〜 guǒzhī/píjiǔ

B．量詞の用法

1) 我有一个意大利朋友。　　Wǒ yǒu yí ge Yìdàlì péngyou.
2) 这位女患者是大学生。　　Zhè wèi nǚ huànzhě shì dàxuéshēng.
3) 那三个人不是日本人。　　Nà sān ge rén bú shì Rìběnrén.

《056》 ● 正反疑問文

肯定と否定を重ねて確認を表す疑問文。

1) 你有没有药物过敏？　　Nǐ yǒu méiyǒu yàowù guòmǐn?
2) 大林有没有糖尿病？　　Dàlín yǒu méiyǒu tángniàobìng?

《057》 ● 疑問代詞疑問文（2）

数量を問う場合、疑問代詞"几"と"多少"を用いる。

1) 佐佐木家有几口人？　　Zuǒzuǒmù jiā yǒu jǐ kǒu rén?
2) 您孩子的身高多少？　　Nín háizi de shēngāo duōshao?
3) 你的体重多少公斤？　　Nǐ de tǐzhòng duōshao gōngjīn?
4) 请问，这个多少钱？　　Qǐngwèn, zhège duōshao qián?

《058》 ● "多"の用法

副詞"多"を一部の単音節形容詞の前に置き、どのくらいの高さ・広さ・大きさ・長さなどを問うことができる。

1) 最近您的血压多高？　　Zuìjìn nín de xuèyā duō gāo?
2) 北京的颐和园多大？　　Běijīng de Yíhéyuán duō dà?

❖ 練習問題

《059》一．次の文の_____に語句を入れ替えて読んでみましょう。

1) A：你有 (a) 吗?　　　　　　(a) 哥哥 gēge　　　姐姐 jiějie
   B：我没有 (a) ，有 (b) 。　(b) 弟弟 dìdi　　　妹妹 mèimei

2) A：你有 (a) 吗?　　　　　　(a) 摩托车 mótuōchē　电视 diànshì
   B：我没有 (a) ，有 (b) 。　(b) 自行车 zìxíngchē　电脑 diànnǎo

3) A：你有没有 (a) ?　　　　　(a) 德语课 Déyǔ kè　钢笔 gāngbǐ
   B：我没有 (a) ，有 (b) 。　(b) 汉语课 Hànyǔ kè　圆珠笔 yuánzhūbǐ

《060》二．発音を聞いて_____に漢字を書き入れ、答えましょう。

1) 你 有 _____ 吗?　　回答 _____
   Nǐ yǒu　　jiějie　　ma?

2) 你 有 _____ 吗?　　回答 _____
   Nǐ yǒu　　nǚpéngyou　　ma?

3) 你 有 _____ 吗?　　回答 _____
   Nǐ yǒu　　Hànyǔ kè　　ma?

4) 你 有 _____ 吗?　　回答 _____
   Nǐ yǒu　　tángniàobìng　　ma?

5) 你 有 _____ 吗?　　回答 _____
   Nǐ yǒu　　xīnzàngbìng　　ma?

三．〔 〕から適当な量詞を選んで（ ）に入れて，漢字に直しなさい。

1) yì ( ) yuèpiào　　2) liǎng ( ) diànshì　　3) sān ( ) kāfēi
漢字：___(___)　　　漢字：___(___)　　　　漢字：___(___)

4) sì ( ) zázhì　　　5) wǔ ( ) qìchē　　　　6) liù ( ) máoyī
漢字：___(___)　　　漢字：___(___)　　　　漢字：___(___)

7) qī ( ) júzi　　　 8) bā ( ) píjiǔ　　　　9) jiǔ ( ) máojīn
漢字：___(___)　　　漢字：___(___)　　　　漢字：___(___)

〔辆 liàng・张 zhāng・本 běn・瓶 píng・杯 bēi・台 tái・件 jiàn・条 tiáo・个 ge〕

第7課

既往 病史
Jìwǎng bìngshǐ

❖常用単語：飲食❖

面包 miànbāo パン	面条儿 miàntiáor 麺類	米饭 mǐfàn ご飯
饺子 jiǎozi ギョウザ	汉堡包 hànbǎobāo ハンバーガー	包子 bāozi 肉まん
炒饭 chǎofàn チャーハン	炒菜 chǎocài 炒めもの	牛奶 niúnǎi 牛乳
酸奶 suānnǎi ヨーグルト	啤酒 píjiǔ ビール	可乐 kělè コーラ
咖啡 kāfēi コーヒー	红茶 hóngchá 紅茶	乌龙茶 wūlóngchá ウーロン茶

《062》 ● **会話**

护士：对不起，我 问 您 几 个 问题。
　　　Duìbuqǐ, wǒ wèn nín jǐ ge wèntí.

患者：好，请 问 吧。
　　　Hǎo, qǐng wèn ba.

护士：您 以前 得过 什么 大病 吗?
　　　Nín yǐqián déguo shénme dàbìng ma?

患者：我 没有 得过 大病。
　　　Wǒ méiyou déguo dàbìng.

护士：您 不 吸烟 吧?
　　　Nín bù xīyān ba?

患者：对，我 不 抽烟。
　　　Duì, wǒ bù chōuyān.

护士：您 结婚 了 吗?
　　　Nín jiéhūn le ma?

患者：我 还 没有 结婚。
　　　Wǒ hái méiyou jiéhūn.

《063》 ● **新出語句**

1) 既往病史　[名] 既往症
2) 对不起　[応] すみません
3) 问　[動] 聞く．問う
4) 几　[代] いくつか
5) 问题　[名] 質問．問題
6) 好　[感] (同意の意を表す) ええ
7) 请　[動] どうぞ (～してください)
8) 吧　[助] (承知・提案の意を表す)
9) 以前　[名] 以前．それより前
10) 得　[動] (病気に) かかる
11) ～过　[助] (過去の経験を表す)
12) 什么　[代] 何か
13) 大病　[名] 大病．重病
14) 没(有)　[副] (完了の否定を表す)
15) 吸烟　[動] 喫煙する
16) 对　[応] そうだ．そのとおりだ
17) 抽烟　[動] タバコを吸う
18) 结婚　[動] 結婚 (する)
19) 了　[助] (完了を表す)
20) 还　[副] まだ

❖ 基礎文法

《064》 ●動詞述語文

動詞述語文とは、述語の部分は動詞である文。

A．普通動詞文……中国語の動詞文の目的語は通常、述語の後に置く。

○ 主語（＋状況語）＋述語（＋目的語）

1）她星期六值夜班。　　　　Tā xīngqīliù zhí yèbān.
2）我下午不去书店。　　　　Wǒ xiàwǔ bú qù shūdiàn.

B．連動文……2つ以上の動詞（句）が連用され、同一の主語を説明する文。通常、動作の行われる順に動詞を並べる。

○ 主語＋述語A（＋目的語）＋述語B（＋目的語）

1）护士长每天骑车上班。　　Hùshizhǎng měitiān qí chē shàngbān.
2）他明天不去医院实习。　　Tā míngtiān bú qù yīyuàn shíxí.

《065》 ●動態助詞"过"

動態助詞"过"を動詞の後に置き、過去の経験および動作の完了を表す。否定は副詞"没（有）"で表す。

1）你以前吃过安眠药吗？　　Nǐ yǐqián chīguo ānmiányào ma?
2）我没（有）得过肝炎。　　Wǒ méi(you) déguo gānyán.

《066》 ●動態助詞"了"

動態助詞"了"を動詞の後に置き、動作や行為が完了した状態を表す。目的語に修飾語がつかない場合には、目的語の後に語気助詞"了"を加える必要がある。

1）患者早上吃了一个香蕉。　Huànzhě zǎoshang chīle yí ge xiāngjiāo.
2）太郎加入（了）保险了。　Tàiláng jiārù(le) bǎoxiǎn le.
3）妹妹没（有）吃退烧药。　Mèimei méi(you) chī tuìshāoyào.

《067》 ●構造助詞"的"（2）

動詞や動詞句は限定語（連体修飾語）として名詞を修飾する場合には、被修飾語との間に構造助詞"的"を加える必要がある。

1）刚才来的病人是中国人。　Gāngcái lái de bìngrén shì Zhōngguórén.
2）他不是教病理学的老师。　Tā bú shì jiāo bìnglǐxué de lǎoshī.

《068》 ●疑問代詞の特殊用法

疑問代詞は疑問代詞疑問文に用いられるが、不定や任意を表すこともできる。

1）你说的这件事谁都知道。　Nǐ shuō de zhè jiàn shì shéi dōu zhīdao.
2）你后天下午几点来都行。　Nǐ hòutiān xiàwǔ jǐ diǎn lái dōu xíng.

❖ **練習問題**

《069》一．次の文の_____に語句を入れ替えて読んでみましょう。

1) A：你去 __(a)__ 吗？　　　　　(a) 看病 kàn bìng　　　打工 dǎgōng
   B：我不去 __(a)__，去 __(b)__ 。　(b) 银行 yínháng　　　吃饭 chī fàn

2) A：你喝 __(a)__ 吗？　　　　　(a) 可乐 kělè　　　　咖啡 kāfēi
   B：我不喝 __(a)__，喝 __(b)__ 。　(b) 果汁 guǒzhī　　　红茶 hóngchá

3) A：你去过 __(a)__ 吗？　　　　(a) 法国 Fǎguó　　　南京 Nánjīng
   B：我没去过 __(a)__，去过 __(b)__ 。(b) 美国 Měiguó　　　北京 Běijīng

《070》二．発音を聞いて_____に漢字を書き入れ、答えましょう。

1) 你 今天 去 _____ 吗？　　回答_____
   Nǐ jīntiān qù　　yīyuàn　　ma?

2) 你 下午 去 _____ 吗？　　回答_____
   Nǐ xiàwǔ qù　　dǎgōng　　ma?

3) 你 吃 _____ 吗？　　　　回答_____
   Nǐ chī　　xiāngjiāo　　ma?

4) 你 喝 _____ 吗？　　　　回答_____
   Nǐ hē　　kāfēi　　ma?

5) 你 去过 _____ 吗？　　　回答_____
   Nǐ qùguo　　Běijīng　　ma?

《071》三．ピンインの語順で文を完成させ、和訳しなさい。

1) 大夫 查房 来 九点 半。　　　Dàifu jiǔ diǎn bàn lái cháfáng.
   正解：_____　　訳：_____

2) 我 也 地铁 坐 学校 去。　　　Wǒ yě zuò dìtiě qù xuéxiào.
   正解：_____　　訳：_____

3) 我 叫 电话 救护车 打。　　　Wǒ dǎ diànhuà jiào jiùhùchē.
   正解：_____　　訳：_____

4) 你 手术 以前 过 做 吗？　　　Nǐ yǐqián zuòguo shǒushù ma?
   正解：_____　　訳：_____

5) 请 一楼 药 取 药房 去。　　　Qǐng qù yī lóu yàofáng qǔ yào.
   正解：_____　　訳：_____

第8課

诊断 治疗
Zhěnduàn zhìliáo

❖常用単語：症状❖

头疼 tóuténg 頭が痛い	感冒 gǎnmào 風邪	发烧 fāshāo 発熱する
咳嗽 késou 咳をする	嗓子疼 sǎngzi téng 喉が痛い	怀孕 huáiyùn 妊娠する
胃疼 wèi téng 胃が痛い	肚子疼 dùzi téng 腹が痛い	泻肚 xièdù 腹を下す
腰疼 yāo téng 腰が痛い	胸闷 xiōng mèn 胸苦しい	恶心 ěxin 吐き気がする

● 会話

医生：请 坐，您 哪里 不 舒服？
　　　Qǐng zuò, nín nǎli bù shūfu?

患者：我 胃 不 太 舒服。
　　　Wǒ wèi bú tài shūfu.

医生：食欲 怎么样？
　　　Shíyù zěnmeyàng?

患者：食欲 不 好，饭 后 经常 烧心。
　　　Shíyù bù hǎo, fàn hòu jīngcháng shāoxīn.

医生：您 过去 得过 胃病 吗？
　　　Nín guòqù déguo wèibìng ma?

患者：没 得过。
　　　Méi déguo.

医生：最近 工作 特别 忙 吧？
　　　Zuìjìn, gōnzuò tèbié máng ba?

患者：对，生活 也 不 规律。
　　　Duì, shēnghuó yě bù guīlǜ.

● 新出語句

1)	诊断	[動] 診断する		12)	～后	[名]（時間的に）～あと
2)	治疗	[動] 治療する		13)	经常	[副] いつも．常に
3)	医生	[名] 医者		14)	烧心	[動] 胸焼けがする
4)	坐	[動] 座る		15)	过去	[名] 以前．今まで
5)	哪里	[代] どこ．どちら		16)	胃病	[名] 胃病
6)	舒服	[形] 気分や体調がよい		17)	最近	[名] 最近．このごろ
7)	不太	[連] あまり～でない		18)	工作	[名] 仕事
8)	食欲	[名] 食欲		19)	特别	[副] 特に．とりわけ
9)	怎么样	[代] どうですか		20)	忙	[形] 忙しい
10)	好	[形] よい．立派だ		21)	生活	[名] 生活．暮らし
11)	饭	[名] ご飯．食事		22)	规律	[名] 規則．規律

❖ 基礎文法

《075》 ●形容詞述語文

形容詞述語文とは、述語の部分は形容詞である文。形容詞の前に副詞が用いられるのが特徴である。ただし、複文や疑問文などの場合はこの限りではない。

1) 值班医生今天很忙。　　Zhíbān yīshēng jīntiān hěn máng.
2) 肩膀不疼，脖子疼。　　Jiānbǎng bù téng, bózi téng.
3) 你的工作有意思吗?　　Nǐ de gōngzuò yǒu yìsi ma?

《076》 ●副詞の用法

1) 我妹妹有点儿咳嗽。　　Wǒ mèimei yǒudiǎnr késou.
2) 我的胃有时不舒服。　　Wǒ de wèi yǒushí bù shūfu.
3) 我的小肚子经常疼。　　Wǒ de xiǎodùzi jīngcháng téng.
4) 医疗费用比较贵吧?　　Yīliáo fèiyòng bǐjiào guì ba?
5) 那个患者特别高兴。　　Nàge huànzhě tèbié gāoxìng.
6) 今天的菜不太好吃。　　Jīntiān de cài bú (tài) hǎochī.

《077》 ●構造助詞"的"（3）

形容詞は限定語（連体修飾語）として名詞を修飾する場合には、被修飾語との間に構造助詞"的"がよく用いられる。

A. 単音節形容詞（+的）+名詞
1) 这是新（的）血压计。　　Zhè shì xīn (de) xuèyājì.

B. 複音節形容詞+的+名詞
1) 小李是最认真的护士。　　Xiǎo Lǐ shì zuì rènzhēn de hùshi.

《078》 ●構造助詞"地"

形容詞は状況語（連用修飾語）として動作の様子・状態・程度などを説明する場合には、被修飾語との間に構造助詞"地"がよく用いられる。

A. 単音節形容詞+動詞
1) 你每天尽量多喝开水。　　Nǐ měitiān jǐnliàng duō hē kāishuǐ.

B. 複音節形容詞+（地）+動詞
1) 铃木认真（地）练习。　　Língmù rènzhēn (de) liànxí.

《079》 ●主述述語文

主述構造を文の述語として、主語の一部の様子や状態などを取り上げて説明する文。

1) 京都大学很多。　　Jīngdū dàxué hěn duō.
2) 我睡眠不太好。　　Wǒ shuìmián bú tài hǎo.

❖ 練習問題

《080》 一．次の文の_____に語句を入れ替えて読んでみましょう。

1) A：最近很 (a) 吧？ 　　(a) 忙 máng 　　　寂寞 jìmò
　 B：不 (a) ，很 (b) 。　(b) 清闲 qīngxián 　愉快 yúkuài

2) A：这本书 (a) 吗？ 　　(a) 难 nán 　　　 贵 guì
　 B：不 (a) ，很 (b) 。　(b) 简单 jiǎndān 　便宜 piányi

3) A：今天 (a) 不 (a) ？ 　(a) 热 rè 　　　　冷 lěng
　 B：不 (a) ，很 (b) 。　(b) 凉快 liángkuai 　暖和 nuǎnhuo

《081》 二．発音を聞いて_____に漢字を書き入れ、答えましょう。

1) 今天 _____ 吗？　　　回答_____
　 Jīntiān　　 rè　　　ma?

2) 最近 _____ 吗？　　　回答_____
　 Zuìjìn　　 máng　　 ma?

3) 药费 _____ 吗？　　　回答_____
　 Yàofèi　　 guì　　　ma?

4) 昨天 _____ 怎么样？　回答_____
　 Zuótiān　 shuìmián　zěnmeyàng?

5) 最近 _____ 怎么样？　回答_____
　 Zuìjìn　　 shíyù　　zěnmeyàng?

《082》 三．ピンインの語順で文の誤りを直して和訳しなさい。

1) 他 的 医生 是 有名 特别 非常。　Tā shì fēicháng yǒumíng de yīshēng.
　 正解：_____　訳：_____

2) 大牧 的 漂亮 女朋友 特别 是。　Dàmù de nǚpéngyou tèbié piàoliang.
　 正解：_____　訳：_____

3) 昨天 是 不 没意思 的 棒球 赛。 Zuótiān de bàngqiú sài méiyìsi.
　 正解：_____　訳：_____

4) 国家 考试 成绩 是 也 太 不 好。Guójiā kǎoshì chéngjì yě bú tài hǎo.
　 正解：_____　訳：_____

5) 王 大夫 是 一 辆 好 的 车 有。 Wáng dàifu yǒu yí liàng hǎo chē.
　 正解：_____　訳：_____

第9課
骨折 疗养
Gǔzhé liáoyǎng

❖常用単語：運動❖

棒球 bàngqiú 野球	网球 wǎngqiú テニス	排球 páiqiú バレーボール
足球 zúqiú サッカー	篮球 lánqiú バスケットボール	冰球 bīngqiú アイスホッケー
相扑 xiāngpū 相撲	拳击 quánjī ボクシング	乒乓球 pīngpāngqiú 卓球
羽毛球 yǔmáoqiú バドミントン	保龄球 bǎolíngqiú ボウリング	高尔夫球 gāo'ěrfūqiú ゴルフ
滑冰 huábīng スケート（をする）	滑雪 huáxuě スキー（をする）	游泳 yóuyǒng 水泳（をする）

● 会話

患者：大夫，我 现在 可以 开车 吗？
　　　Dàifu, wǒ xiànzài kěyǐ kāichē ma?

医生：现在 还 不 能 开车。
　　　Xiànzài hái bù néng kāichē.

患者：为 什么 呢？
　　　Wèi shénme ne?

医生：骨折 部位 还 没有 痊愈。
　　　Gǔzhé bùwèi hái méiyou quányù.

患者：什么 时候 可以 开？
　　　Shénme shíhou kěyǐ kāi?

医生：下 个 月 大概 没 问题。
　　　Xià ge yuè dàgài méi wèntí.

患者：我 很 想 开车 上班。
　　　Wǒ hěn xiǎng kāichē shàngbān.

医生：别 着急，慢慢 地 养 吧！
　　　Bié zháojí, mànman de yǎng ba!

● 新出語句

1) 骨折　　[名] 骨折
2) 疗养　　[動] 療養する
3) 大夫　　[名] 医者
4) 现在　　[名] 今．現在
5) 可以〜　[助動] 〜できる
6) 开车　　[動] （車を）運転する
7) 能〜　　[助動] 〜できる
8) 为什么　[代] なぜ．どうして
9) 呢　　　[助] （答えを促す気分を表す）
10) 部位　　[名] 部位．位置
11) 痊愈　　[動] 全快する．完治する
12) 什么时候 [代] いつ
13) 开　　　[動] 運転する

14) 下（个）〜 [連] 次の〜．今度の〜
15) 月　　　[名] （暦の上の）月
16) 大概　　[副] たぶん．おそらく
17) 没问题　[応] 大丈夫だ．問題がない
18) 很　　　[副] とても．たいへん
19) 想〜　　[助動] 〜したい．希望する
20) 上班　　[動] 出勤する
21) 别　　　[副] 〜するな
22) 着急　　[動] 焦る
23) 慢　　　[形] 遅い．ゆっくりだ
24) 地　　　[助] （状況語を示す）
25) 养　　　[動] 休養する．養生する

❖ 基礎文法

《086》 ● 助動詞

動詞の前に置かれ、願望・予定・可能・禁止・勧誘などの意味を表す。

A. 想／要 （願望・意志）
1) 我也想去中国学习中医。　　　　Wǒ yě xiǎng qù Zhōngguó xuéxí zhōngyī.
2) 她要去超市，我不想去。　　　　Tā yào qù chāoshì, wǒ bù xiǎng qù.

B. 准备／打算 （予定・計画）
1) 我也准备参加国家考试。　　　　Wǒ yě zhǔnbèi cānjiā guójiā kǎoshì.
2) 太郎不打算去短期留学。　　　　Tàiláng bù dǎsuan qù duǎnqī liúxué.

C. 会 （習得した結果）
1) 请问，你们会说日语吗？　　　　Qǐngwèn, nǐmen huì shuō Rìyǔ ma?
2) 我的女朋友也不会做饭。　　　　Wǒ de nǚpéngyou yě bú huì zuò fàn.

D. 能 （能力・条件）
1) 我们医院能治疗脑肿瘤。　　　　Wǒmen yīyuàn néng zhìliáo nǎo zhǒngliú.
2) 他有事儿，不能去体检。　　　　Tā yǒu shìr, bù néng qù tǐjiǎn.

E. 可以 （許容・制止）
1) 可以告诉我你的地址吗？　　　　Kěyǐ gàosu wǒ nǐ de dìzhǐ ma?
2) 候诊室里面不可以吸烟。　　　　Hòuzhěnshì lǐmiàn bù kěyǐ xīyān.

F. 要／应该 （勧誘・必要）
1) 你要安心治疗，别着急。　　　　Nǐ yào ānxīn zhìliáo, bié zháojí.
2) 应该好好儿听大夫的话。　　　　Yīnggāi hǎohāor tīng dàifu de huà.

《087》 ● 形容詞の重ね型

形容詞は重複して用いられると、様子・状態・性質などの程度が深まることを表す。

1) 初次见面，请多多关照。　　　　Chūcì jiànmiàn, qǐng duōduō guānzhào.
2) 这束花是我小小的心意。　　　　Zhè shù huā shì wǒ xiǎoxiǎo de xīnyì.
3) 早上，病房里安安静静。　　　　Zǎoshang, bìngfánglǐ ān'anjìngjìng.

《088》 ● "呢" の用法

語気助詞 "呢" を疑問詞疑問文の文末に置くと、答えを催促する気分を表す。

1) 你为什么不按时吃药呢？　　　　Nǐ wèi shénme bú ànshí chī yào ne?
2) 我什么时候可以出院呢？　　　　Wǒ shénme shíhou kěyǐ chūyuàn ne?

39

❖ 練習問題

《089》一．次の文の_____に語句を入れ替えて読んでみましょう。

1) A：你吃 (a) 吗？　　　　　　(a) 面条 miàntiáor　　饺子 jiǎozi
   B：我不想吃 (a) ，我吃 (b) 。(b) 米饭 mǐfàn　　　包子 bāozi

2) A：你去 (a) 吗？　　　　　　(a) 学校 xuéxiào　　打工 dǎgōng
   B：不能去，我有 (b) 。　　　(b) 急事 jíshì　　　约会 yuēhuì

3) A：你会打 (a) 吗？　　　　　(a) 排球 páiqiú　　　羽毛球 yǔmáoqiú
   B：不会，我会打 (b) 。　　　(b) 篮球 lánqiú　　　乒乓球 pīngpāngqiú

《090》二．発音を聞いて_____に漢字を書き入れ、答えましょう。

1) 你 想 吃 _____ 吗？　　回答_____
   Nǐ xiǎng chī　　bāozi　　ma?

2) 你 想 去 _____ 吗？　　回答_____
   Nǐ xiǎng qù　　Zhōngguó　ma?

3) 你 会 说 _____ 吗？　　回答_____
   Nǐ huì shuō　　Rìyǔ　　ma?

4) 你 打算 去 _____ 吗？　回答_____
   Nǐ dǎsuan qù　　liúxué　ma?

5) 你 能 去 _____ 吗？　　回答_____
   Nǐ néng qù　　xuéxiào　ma?

三．適当な助動詞を（　）に入れて文を完成させ、和訳しなさい。

1) 心脏病患者不（　　　　）献血。　Xīnzàngbìng huànzhě bù（　　　　）xiànxuě.
   訳_____

2) 我（　）开车，现在不（　）开。　Wǒ（　）kāichē, xiànzài bù（　　）kāi.
   訳_____

3) （　　　　）告诉我你的手机号码吗？（　　　　）gàosu wǒ nǐ de shǒujī hàomǎr ma?
   訳_____

4) 星期五我不方便，不（　　　）去。Xīngqīwǔ wǒ bù fāngbiàn, bù（　　　）qù.
   訳_____

5) 今年暑假，你们（　　　　）去哪儿？Jīnnián shǔjià, nǐmen（　　　　）qù nǎr?
   訳_____

第10課
对症 下药
Duìzhèng xiàyào

❖常用単語：時間・時刻❖

早上 zǎoshang 朝	上午 shàngwǔ 午前	中午 zhōngwǔ 昼
下午 xiàwǔ 午後	清晨 qīngchén 早朝	傍晚 bàngwǎn 夕方
晚上 wǎnshang 夜	夜间 yèjiān 夜間	一点十分 yì diǎn shí fēn 一時十分
两点半 liǎng diǎn bàn 二時半	三点零五分 sān diǎn líng wǔ fēn 三時五分	四点一刻 sì diǎn yí kè 四時十五分
一分钟 yì fēn zhōng 一分間	三十分钟 sānshí fēn zhōng 三十分	两（个）小时 liǎng (ge) xiǎoshí 二時間

《092》● 会話

医生：今天 嗓子 还 疼 吗？
　　　Jīntiān sǎnzi hái téng ma?

患者：谢谢！已经 不 太 疼 了。
　　　Xièxie! Yǐjīng bú tài téng le.

医生：再 开 一点儿 消炎药 吧。
　　　Zài kāi yìdiǎnr xiāoyányào ba.

患者：好，一 天 吃 几 次？
　　　Hǎo, yì tiān chī jǐ cì?

医生：一 天 吃 三 次。您 去过 药房 吧？
　　　Yì tiān chī sān cì. Nín qùguo yàofáng ba?

患者：去过，上次 等了 二十 分钟。
　　　Qùguo, shàngcì děngle èrshí fēnzhōng.

医生：您 刚 退烧，请 多 保重！
　　　Nín gāng tuìshāo, qǐng duō bǎozhòng!

患者：谢谢！麻烦 您 了！
　　　Xièxie! Máfan nín le!

《093》● 新出語句

1) 对症下药	[成]	病状に応じて投薬する	12) 吃	[動]	（薬を）飲む．食べる
2) 今天	[名]	今日	13) ～次	[量]	～回．～度
3) 嗓子	[名]	のど	14) 去	[動]	行く．出かける
4) 疼	[形]	痛い	15) 药房	[名]	（病院の）薬局．薬屋
5) 已经	[副]	すでに．もう	16) 上次	[名]	前回
6) 了	[助]	（変化を表す）	17) 等	[動]	待つ
7) 再	[助]	もっと．さらに	18) 分钟	[名]	～分．～分間
8) 开	[動]	（処方箋を）書く	19) 刚	[助]	（した）ばかりだ
9) 一点儿	[数量]	少し．わずか	20) 退烧	[動]	熱が下がる
10) 消炎药	[名]	消炎剤	21) 请多保重	[連]	お体をお大事に
11) 天	[名]	～日．～日間	22) 麻烦您了	[応]	ご面倒を掛けました

❖ 基礎文法

《094》 ● 語気助詞 " 了 "

語気助詞 " 了 " を文末に置き、予定・性質・状態・様子などの変化にともなう強調・感懐・驚きなどの語気を表す。

1) 别看了，快睡觉吧！　　Bié kàn le, kuài shuìjiào ba!
2) 小林马上是护士了。　　Xiǎolín mǎshàng shì hùshi le.
3) 我已经入学半年了。　　Wǒ yǐjīng rùxué bàn nián le.
4) 老王的头发都白了。　　Lǎo Wáng de tóufa dōu bái le.
5) 最近，渐渐凉快了。　　Zuìjìn, jiànjiàn liángkuai le.

《095》 ● 時量補語

動作や状態の続いた時間の長さを表す数量詞を時量補語という。動詞の後に時量補語を置くが、目的語が人称代詞などの場合、目的語の後に置く。

A．〜述語［動詞］＋時量補語＋目的語［普通名詞］

1) 我按摩了半个小时。　　Wǒ ànmóle bàn ge xiǎoshí.
2) 他休息了一个半月。　　Tā xiūxile yí ge bàn yuè.
3) 她练习了一周注射。　　Tā liànxíle yì zhōu zhùshè.
4) 我学了两年针灸了。　　Wǒ xuéle liǎng nián zhēnjiǔ le.

B．〜述語［動詞］＋目的語［人称代詞など］＋時量補語

1) 我等了你十分钟了。　　Wǒ děngle nǐ shí fēnzhōng le.
2) 他教了我们三年了。　　Tā jiāole wǒmen sān nián le.

《096》 ● 動量補語

動作や行為の回数を表す数量詞を動量補語という。動詞の後に動量補語を置くが、目的語が人称代詞の場合、目的語の後に置く。"次" は繰り返し現れることに用い、"遍" は動作の始まりから終わりまでの全過程を強調する。"趟" は往復する動作の回数を数える。

A．〜述語［動詞］＋動量補語＋目的語［普通名詞］

1) 她以前得过一次肺炎。　　Tā yǐqián déguo yí cì fèiyán.
2) 我看过两遍《看护学》。　　Wǒ kànguo liǎng biàn《Kānhù xué》.
3) 他上午去了三趟厕所。　　Tā shàngwǔ qùle sān tàng cèsuǒ.

B．〜述語［動詞］＋目的語［人称代詞など］＋動量補語

1) 我曾经见过他两三次。　　Wǒ céngjīng jiànguo tā liǎng sān cì.
2) 林大夫表扬过我两次。　　Lín dàifu biǎoyángguo wǒ liǎng cì.
3) 他批评过实习生一次。　　Tā pīpíngguo shíxíshēng yí cì.

❖ 練習問題

《097》 一．次の文の_____に語句を入れ替えて読んでみましょう。

1) A：你学了几年 (a) 了？　　　(a) 汉语 Hànyǔ　　英语 Yīngyǔ
   B：我学了 (b) 了。　　　　　(b) 半年 bàn nián　　六年 liù nián

2) A：你去过几次 (a) ？　　　　(a) 北海道 Běihǎidào　中国 Zhōngguó
   B：我去过 (b) 。　　　　　　(b) 两次 liǎng cì　　一次 yí cì

3) A：你 (a) 多大了？　　　　　(a) 弟弟 dìdi　　　妹妹 mèimei
   B：我 (a) (b) 了。　　　　　(b) 十五岁 shíwǔ suì　十三岁 shísān suì

《098》 二．発音を聞いて_____に漢字を書き入れ、答えましょう。

1) 你 学了 几 年 _____ 了？　　回答_____
   Nǐ xuéle jǐ nián Hànyǔ le?

2) 你 学了 几 年 _____ 了？　　回答_____
   Nǐ xuéle jǐ nián zhēnjiǔ le?

3) 你 去过 几 次 _____ ？　　　回答_____
   Nǐ qùguo jǐ cì Běihǎidào?

4) 你 _____ 几 年 了？　　　　 回答_____
   Nǐ rùxué jǐ nián le?

5) 你 _____ 多 大 了？　　　　 回答_____
   Nǐ dìdi duō dà le?

《099》 三．ピンインの語順で文を完成させ、和訳しなさい。

1) 他 昨天 下午 棒球 打 半天 了。　　Tā zuótiān xiàwǔ dǎle bàntiān bàngqiú.
   正解：_____　　　　訳：_____

2) 我 去 了 便利店 面包 两 个 买。　　Wǒ qù biànlìdiàn mǎile liǎng ge miànbāo.
   正解：_____　　　　訳：_____

3) 暑假 你们 去 旅游 了 国外 吗？　　Nǐmen shǔjià qù guówài lǚyóu le ma?
   正解：_____　　　　訳：_____

4) 李丽 一 年 日本 来 已经 多 了。　　Lǐ Lì lái Rìběn yǐjīng yì nián duō le.
   正解：_____　　　　訳：_____

5) 和子 感冒 了，能 去 不 打工 了。　Hézǐ gǎnmào le, bù néng qù dǎgōng le.
   正解：_____　　　　訳：_____

第11課
答疑 解难
Dáyí jiěnán

❖常用単語：施設❖

急诊室 jízhěnshì 救急診察室	处置室 chǔzhìshì 処置室	手术室 shǒushùshì 手術室
心电图室 xīndiàntúshì 心電図室	集中治疗室 jízhōng zhìliáoshì 集中治療室（ICU）	放射科 fàngshèkē 放射線科
康复科 kāngfùkē リハビリテーション科	小儿科 xiǎo'érkē 小児科	口腔科 kǒuqiāngkē 歯科
耳鼻喉科 ěrbíhóukē 耳鼻咽喉科	皮肤科 pífūkē 皮膚科	肿瘤科 zhǒngliúkē 腫瘍科

● 会話

患者：对不起，去 眼科 怎么 走？
　　　Duìbuqǐ, qù yǎnkē zěnme zǒu?

护士：请 从 外科 往 左 拐，坐 电梯 上 二 楼。
　　　Qǐng cóng wàikē wǎng zuǒ guǎi, zuò diàntī shàng èr lóu.

患者：谢谢！离 电梯 不 远 吧？
　　　Xièxie! Lí diàntī bù yuǎn ba?

护士：就 在 电梯 旁边儿。我 陪 您 去 吧！
　　　Jiù zài diàntī pángbiānr. Wǒ péi nín qù ba!

患者：不用 了，谢谢！
　　　Búyòng le, xièxie!

护士：不 客气，请 慢 走！
　　　Bú kèqi, qǐng màn zǒu!

患者：糟 了！我 把 钱包 丢 了。
　　　Zāo le! Wǒ bǎ qiánbāo diū le.

护士：我 和 您 一起 去 找 吧！
　　　Wǒ hé nín yìqǐ qù zhǎo ba!

● 新出語句

1) 答疑　　[動]　疑問に答える
2) 解难　　[動]　困難や難問を解決する
3) 怎么　　[代]　どのように
4) 走　　　[動]　歩く．行く
5) 从　　　[介]　～から
6) 往　　　[介]　～へ．～に
7) 拐　　　[動]　曲がる
8) 坐　　　[動]　乗る．座る
9) 电梯　　[名]　エレベーター
10) 上　　　[動]　上がる
11) 离　　　[介]　～から．～まで
12) 远　　　[形]　遠い
13) 就　　　[副]　すぐ
14) 陪　　　[動]　お供をする
15) 不用了　[応]　いえ結構です
16) 不客气　[応]　どういたしまして
17) 糟了　　[感]　しまった
18) 把　　　[介]　～を（どうする）
19) 钱包　　[名]　財布
20) 丢　　　[動]　紛失する．なくす
21) 和　　　[介]　～と．～に
22) 一起　　[副]　一緒に
23) 找　　　[動]　探す

❖ 基礎文法

《103》 ●介詞（前置詞）

介詞（前置詞）は動詞から派生したもので、名詞や代名詞などの前に置き、状況語・限定語などとして動詞や形容詞などを修飾する。

- A．在 （場所・時間）
  中山在武田医院工作。　　　　Zhōngshān zài Wǔtián yīyuàn gōngzuò.

- B．用 （道具・手段）
  我想用汉语练习会话。　　　　Wǒ xiǎng yòng Hànyǔ liànxí huìhuà.

- C．从 （起点）
  她是从中国来的医生。　　　　Tā shì cóng Zhōngguó lái de yīshēng.

- D．到 （終点）
  从京都到大阪不太远。　　　　Cóng Jīngdū dào Dàbǎn bú tài yuǎn.

- E．离 （距離）
  我家离地铁站特别近。　　　　Wǒ jiā lí dìtiě zhàn tèbié jìn.

- F．和 （相手）
  我和您一起去药房吧。　　　　Wǒ hé nín yìqǐ qù yàofáng ba.

- G．给 （対象）
  我星期一给你打电话。　　　　Wǒ xīngqīyī gěi nǐ dǎ diànhuà.

- H．对 （対象）
  李大夫对病人很亲切。　　　　Lǐ dàifu duì bìngrén hěn qīnqiè.

《104》 ●処置文

介詞"把"で目的語を倒置させることによって、動作・行為の対象である人や事物が具体的にいかに処置されたかを強調する動詞述語文。

○ 主語＋把＋目的語＋述語［他動詞］＋付加成分

1) 她把病人送到车站了。　　　Tā bǎ bìngrén sòngdào chēzhàn le.
2) 我把好朋友介绍给你。　　　Wǒ bǎ hǎo péngyou jièshàogěi nǐ.
3) 我已经把退烧药吃了。　　　Wǒ yǐjīng bǎ tuìshāoyào chī le.
4) 他没把指甲刀还给我。　　　Tā méi bǎ zhǐjiadāo huángěi wǒ.

《105》 ●疑問代詞疑問文（3）

手段・方法や原因・理由などを問う場合、疑問代詞"怎么"を用いる。

1) 你明天想怎么去医院？　　　Nǐ míngtiān xiǎng zěnme qù yīyuàn?
2) 您的家属怎么还没来？　　　Nín de jiāshǔ zěnme hái méi lái?

❖ 練習問題

《106》 一．発音を聞いて ＿＿＿＿ に漢字を書き入れ、答えましょう。

1) 你 怎么 去 ＿＿＿＿？　　　　　回答：我 骑 车 去 ＿＿＿＿。
   Nǐ zěnme qù xuéxiào ?　　　　　　Wǒ qí chē qù xuéxiào .

2) 你 怎么 来 ＿＿＿＿？　　　　　回答：我 坐 电车 去 ＿＿＿＿。
   Nǐ zěnme lái Jīngdū ?　　　　　　Wǒ zuò diànchē qù Jīngdū .

3) 你 在 ＿＿＿＿ 打工 吗？　　　　回答：我 ＿＿＿＿ 医院 打工。
   Nǐ zài yīyuàn dǎgōng ma?　　　　Wǒ bú zài yīyuàn dǎgōng.

4) 学校 离 ＿＿＿＿ 近 吗？　　　　回答：学校 离 ＿＿＿＿ 很 近。
   Xuéxiao lí chēzhàn jìn ma?　　　Xuéxiào lí chēzhàn hěn jìn.

5) 你 给 谁 打 ＿＿＿＿？　　　　　回答：我 给 ＿＿＿＿ 打 电话。
   Nǐ gěi shéi dǎ diànhuà ?　　　　Wǒ gěi péngyou dǎ diànhuà.

二．適当な介詞を（ ）に入れて文を完成させ、和訳しなさい。

1) （　）市内（　）机场不太远。　　（　）shìnèi（　）jīchǎng bú tài yuǎn.
   訳 ＿＿＿＿＿＿＿＿＿＿＿＿＿＿＿＿＿＿＿＿＿＿＿＿＿＿＿＿＿＿＿

2) 他也经常（　）电脑查资料。　　　Tā yě jīngcháng（　）diànnǎo chá zīliào.
   訳 ＿＿＿＿＿＿＿＿＿＿＿＿＿＿＿＿＿＿＿＿＿＿＿＿＿＿＿＿＿＿＿

3) （　）期末考试还有一个半月。　　（　）qīmò kǎoshì hái yǒu yí ge bàn yuè.
   訳 ＿＿＿＿＿＿＿＿＿＿＿＿＿＿＿＿＿＿＿＿＿＿＿＿＿＿＿＿＿＿＿

4) 吴老师（　）我的学习很关心。　　Wú lǎoshī（　）wǒ de xuéxí hěn guānxīn.
   訳 ＿＿＿＿＿＿＿＿＿＿＿＿＿＿＿＿＿＿＿＿＿＿＿＿＿＿＿＿＿＿＿

5) 我星期一（　）你发电子邮件。　　Wǒ xīngqīyī（　）nǐ fā diànzǐ yóujiàn.
   訳 ＿＿＿＿＿＿＿＿＿＿＿＿＿＿＿＿＿＿＿＿＿＿＿＿＿＿＿＿＿＿＿

《107》 三．ピンインの語順で文を完成させ、和訳しなさい。

1) 我 口服药 给 您 了 三 种 开。　　Wǒ gěi nín kāile sān zhǒng kǒufúyào.
   正解：＿＿＿＿＿＿＿＿＿＿＿＿　　訳：＿＿＿＿＿＿＿＿＿＿＿＿＿＿

2) 她 日记 能 英语 写 了 用。　　　Tā néng yòng Yīngyǔ xiě rìjì le.
   正解：＿＿＿＿＿＿＿＿＿＿＿＿　　訳：＿＿＿＿＿＿＿＿＿＿＿＿＿＿

3) 妈妈 电话 我 打 老家 从 给。　　Māma cóng lǎojiā gěi wǒ dǎ diànhuà.
   正解：＿＿＿＿＿＿＿＿＿＿＿＿　　訳：＿＿＿＿＿＿＿＿＿＿＿＿＿＿

4) 探视 时间 一 点 从 四 点 到。　Tànshì shíjiān cóng yì diǎn dào sì diǎn.
   正解：＿＿＿＿＿＿＿＿＿＿＿＿　　訳：＿＿＿＿＿＿＿＿＿＿＿＿＿＿

5) 木村 到 每天 十 点 学习。　　　Mùcūn měitiān xuéxí dào shí diǎn.
   正解：＿＿＿＿＿＿＿＿＿＿＿＿　　訳：＿＿＿＿＿＿＿＿＿＿＿＿＿＿

第12課
预约 就诊
Yùyuē jiùzhěn

❖常用単語：期日❖

前天 qiántiān 一昨日	昨天 zuótiān 昨日	今天 jīntiān 今日
明天 míngtiān 明日	后天 hòutiān 明後日	上周 shàng zhōu 先週
本周 běn zhōu 今週	下周 xià zhōu 来週	一天 yì tiān 一日
两个星期 liǎng ge xīngqī 二週間	三个月 sān ge yuè 三か月	四年 sì nián 四年間
上个月 shàng ge yuè 先月	这个月 zhège yuè 今月	下个月 xià ge yuè 来月

会話

患者：请问，佐藤 大夫 在 吗？
　　　Qǐngwèn, Zuǒténg dàifu zài ma?

护士：请 稍 等，他 正在 看病 呢。
　　　Qǐng shāo děng, tā zhèng zài kànbìng ne.

患者：我 想 预约。
　　　Wǒ xiǎng yùyuē.

护士：您 坐着 等 一下 好 吗？我 查一查。
　　　Nín zuòzhe děng yíxià hǎo ma? Wǒ cháyichá.

患者：佐藤 大夫 下 星期三 上午 方便 吗？
　　　Zuǒténg dàifu xià xīngqīsān shàngwǔ fāngbiàn ma?

护士：对不起，他 下 星期三 是 夜班。
　　　Duìbuqǐ, tā xià xīngqīsān shì yèbān.

患者：星期五 上午 怎么样？
　　　Xīngqīwǔ shàngwǔ zěnmeyàng?

护士：没 问题，请 您 下 星期五 上午 来 吧！
　　　Méi wèntí, qǐng nín xià xīngqīwǔ shàngwǔ lái ba!

新出語句

1) 预约　　　[動]　予約する
2) 就诊　　　[動]　医者に診てもらう
3) 稍　　　　[副]　少し．ちょっと
4) 正～　　　[副]　（進行を表す）
5) 在　　　　[副]　（進行を表す）
6) 看病　　　[動]　診察する
7) 呢　　　　[助]　（進行を表す）
8) ～着　　　[助]　（存続や持続などを表す）
9) ～一下　　[連]　ちょっと（する）
10) 查　　　　[動]　調べる．検査する
11) 星期三　　[名]　水曜日
12) 上午　　　[名]　午前
13) 方便　　　[形]　都合がよい．便利だ
14) 夜班　　　[名]　夜勤
15) 星期五　　[名]　金曜日
16) 来　　　　[動]　来る．やってくる

❖ 基礎文法

《111》 ● 進行の表現

副詞"在""正"を動詞の前に置き、動作や行為の進行を表す。動作が現に行われる最中であることを強調する場合、"在"の前に"正"を加え、あるいは文末に語気助詞"呢"を置く。

A ～在＋動詞＋目的語
1) 我最近在准备国家考试。　　Wǒ zuìjìn zài zhǔnbèi guójiā kǎoshì.
2) 我太胖了，最近在减肥。　　Wǒ tài pàng le, zuìjìn zài jiǎnféi.

B ～正＋動詞＋目的語
1) 我正在教室和她聊天儿。　　Wǒ zhèng zài jiàoshì hé tā liáotiānr.
2) 他们正在市立医院实习。　　Tāmen zhèng zài shìlì yīyuàn shíxí.

C ～正在＋動詞＋目的語
1) 她正在接电话，请稍等。　　Tā zhèng zài jiē diànhuà, qǐng shāo děng.
2) 护士正在给患者量血压。　　Hùshi zhèng zài gěi huànzhě liáng xuèyā.

D ～動詞（＋目的語）＋呢
1) 关大夫值班呢，不能去。　　Guān dàifu zhíbān ne, bù néng qù.
2) 弟弟没看电视，洗澡呢。　　Dìdi méi kàn diànshì, xǐzǎo ne.

《112》 ● 動態助詞"着"

動態助詞"着"を動詞の後に置き、人や物の存続、動作や状態の持続を表す。また、"着"を二つの動詞の間に置くと、動作の手段や様態などを表すこともできる。

A．存続
1) 椅子上坐着三个女患者。　　Yǐzishang zuòzhe sān ge nǚ huànzhě.
2) 正门前停着一辆救护车。　　Zhèngmén qián tíngzhe yí liàng jiùhùchē.

B．持続
1) 三浦茜戴着一顶新帽子。　　Sānpǔ Qiàn dàizhe yì dǐng xīn màozi.
2) 五号病房的窗户开着吗？　　Wǔ hào bìngfáng de chuānghu kāizhe ma?

C．修飾
1) 林院长每天走着去医院。　　Lín yuànzhǎng měitiān zǒuzhe qù yīyuàn.
2) 王主任笑着回答了问题。　　Wáng zhǔrèn xiàozhe huídále wèntí.

《113》 ● 動詞の重ね型

一部の動詞は重ねて用いられると、語気を和らげる働きをする。

1) 你尝（一）尝我做的蛋糕。　　Nǐ cháng (yi) cháng wǒ zuò de dàngāo.
2) 这间病房也应该打扫打扫。　　Zhè jiān bìngfáng yě yīnggāi dǎsaodǎsao.

❖ 練習問題

《114》 一．次の文の_____に語句を入れ替えて読んでみましょう。

1) A：你在 (a) 吗?　　　　　　(a) 看书 kàn shū　　　吃饭 chī fàn
   B：我 (b) 呢。　　　　　　　(b) 看电视 kàn diànshì　做饭 zuò fàn

2) A：你 (a) 什么呢?　　　　　(a) 听 tīng　　　　　　写 xiě
   B：我 (a) (b) 呢。　　　　　(b) 音乐 yīnyuè　　　　作业 zuòyè

3) A：她正在 (a) 吗?　　　　　(a) 换药 huàn yào　　　打针 dǎzhēn
   B：她正在 (b)。　　　　　　(b) 量体温 liáng tǐwēn　打点滴 dǎ diǎndī

二．(　)内に入る最も適当なものを"了・过・着"の中から選んで文を完成させ、和訳しなさい。

1) 我今天练习(　)半天注射。　　Wǒ jīntiān liànxí(　) bàntiān zhùshè.
   訳 _____

2) 我中午吃(　)两个汉堡包。　　Wǒ zhōngwǔ chī(　) liǎng ge hànbǎobāo.
   訳 _____

3) 她穿(　)红衣服去学校了。　　Tā chuān(　) hóng yīfu qù xuéxiào le.
   訳 _____

4) 我以前没做(　)钡餐透视。　　Wǒ yǐqián méi zuò(　) bèicān tòushì.
   訳 _____

5) 窗台上摆(　)一盆鲜花。　　Chuāngtáishang bǎi(　) yì pén xiānhuā.
   訳 _____

《115》 三．ピンインの語順で文を完成させ、和訳しなさい。

1) 你 接受 在 其他 正 治疗 吗?　　Nǐ zhèng zài jiēshòu qítā zhìliáo ma?
   正解：_____　　訳：_____

2) 等一等 请，我 呢 电话 打。　　Qǐng děngyiděng, wǒ dǎ diànhuà ne.
   正解：_____　　訳：_____

3) 木村 和子 患者 给 采血 在。　　Mùcūn Hézǐ zài gěi huànzhě cǎixiě.
   正解：_____　　訳：_____

4) 看 着 书 躺 眼睛 对 不 好 太。　Tǎngzhe kàn shū duì yǎnjing bú tài hǎo.
   正解：_____　　訳：_____

5) 我 星期 下 在 小考 的 准备。　　Wǒ zài zhǔnbèi xià xīngqī de xiǎokǎo.
   正解：_____　　訳：_____

第13課
外科 急诊
Wàikē jízhěn

❖常用単語：乗物❖

公共汽车	电车	地铁
gōnggòngqìchē	diànchē	dìtiě
路線バス	電車	地下鉄

高铁	飞机	新干线
gāotiě	fēijī	xīngànxiàn
高速鉄道	飛行機	新幹線

出租车	救护车	警车
chūzūchē	jiùhùchē	jǐngchē
タクシー	救急車	パトカー

卡车	摩托车	自行车
kǎchē	mótuōchē	zìxíngchē
トラック	オートバイ	自転車

《117》● 会話

患者：大夫，我　刚才　被　自行车　撞　了。
　　　Dàifu,　wǒ　gāngcái　bèi　zìxíngchē　zhuàng　le.

医生：是　从　什么　方向　撞　的？
　　　Shì　cóng　shénme　fāngxiàng　zhuàng　de?

患者：是　从　背后　撞　的。
　　　Shì　cóng　bèihòu　zhuàng　de.

医生：您　自己　能　站起来　吗？
　　　Nín　zìjǐ　néng　zhànqilai　ma?

患者：不行，腰　特别　疼。
　　　Bùxíng,　yāo　tèbié　téng.

医生：您　先　去　透视　吧！
　　　Nín　xiān　qù　tòushì　ba!

患者：大夫，骨头　没事儿　吗？
　　　Dàifu,　gǔtou　méishìr　ma?

医生：现在　还　不　好　说。
　　　Xiànzài　hái　bù　hǎo　shuō.

《118》● 新出語句

1) 急诊　　　[名] 急診．救急
2) 刚才　　　[名] さっき．先ほど
3) 被　　　　[介] ～に～される
4) 自行车　　[名] 自転車
5) 撞　　　　[動] はねる
6) (是)～的　[助] (強調を表す)
7) 什么　　　[代] どんな．なに
8) 方向　　　[名] 方角．方向
9) 背后　　　[名] 背後．後ろ
10) 自己　　　[名] 自分．自身
11) 站　　　　[動] 立つ
12) ～起来　　[動] (補語に用いる)
13) 不行　　　[形] いけない．だめだ
14) 先　　　　[副] まず．取り敢えず
15) 透视　　　[動] X線検査 (する)
16) 骨头　　　[名] 骨
17) 没事儿　　[動] たいしたことはない
18) 好　　　　[接頭] (～し) やすい
19) 说　　　　[動] 言う．話す

❖ 基礎文法

《119》 ● **受身の表現**

受身の表現は文の内容によって、介詞"被／叫"を用いる。

A．受動者＋被（＋主動者）＋動詞＋付加成分

    1) 她被（科长）批评了。   Tā bèi (kēzhǎng) pīpíng le.

B．受動者＋叫＋主動者＋動詞＋付加成分

    1) 垃圾已经叫妈妈扔了。   Lājī yǐjīng jiào māma rēng le.

《120》 ● **方向補語**

方向性の強い動詞を用いて動作や行為の方向を示すことができる。単純方向補語と複合方向補語に分類されるが、後者は、話し手の視点を示すことができる。

単Ⅱ ＼ 単Ⅰ	～上 ～shàng	～下 ～xià	～进 ～jìn	～出 ～chū	～回 ～huí	～过 ～guò	～起 ～qǐ
～来 lái	○	○	○	○	○	○	○
～去 qù	○	○	○	○	○	○	×

A．単純方向補語

○ 主語＋述語［動詞／形容詞］＋補語（＋目的語）

    1) 岩崎买来了两本参考书。   Yánqí mǎilaile liǎng běn cānkǎoshū.
    2) 探视的家属走进了病房。   Tànshì de jiāshǔ zǒujinle bìngfáng.
    3) 请伸出手，量一量脉搏。   Qǐng shēnchu shǒu, liáng (yi) liáng màibó.
    4) 请挽起袖子，量量血压。   Qǐng wǎnqi xiùzi, liángliang xuèyā.

B．複合方向補語

○ 主語＋述語（動詞）＋補語（＋目的語［事物］）

    1) 林大夫从楼上走了下来。   Lín dàifu cóng lóushàng zǒulexiàlai.

○ 主語＋述語［動詞］＋単Ⅰ＋目的語［場所］＋単Ⅱ

    1) 女护士走进护士站去了。   Nǚ hùshi zǒujin hùshizhàn qu le.

《121》 ● **構造助詞"的"（4）**

過去における動作や行為の時間・方法・場所などを強調して説明したり、尋ねたりする場合には、動態助詞"了"を用いず、"(是)～的"という構文を用いる。

○ ～（是）＋時間／手段／場所／行為者＋動詞＋的（＋目的語）

    1) 我哥（是）昨天做的手术。   Wǒ gē (shì) zuótiān zuò de shǒushù.
    2) 你（是）坐电梯上来的吗?   Nǐ (shì) zuò diàntī shànglai de ma?
    3) 大林不是在中国学的针灸。   Dàlín bú shì zài Zhōngguó xué de zhēnjiǔ.

❖ 練習問題

《122》 一．次の文の_____に語句を入れ替えて読んでみましょう。

1) A：你 __(a)__ 了什么? 　　　(a) 借来 jièlai 　　買来 mǎilai
   B：我 __(a)__ 了 __(b)__ 。　(b) 词典 cídiǎn 　　面包 miànbāo

2) A：最近 __(a)__ 怎么样? 　　(a) 天气 tiānqì 　　学习 xuéxí
   B：最近 __(b)__ 起来了。　　(b) 冷 lěng 　　　忙 máng

3) A：你在哪儿 __(a)__ 的? 　　(a) 学 xué 　　　买 mǎi
   B：我在 __(b)__ __(a)__ 的。(b) 日本 Rìběn 　　中国 Zhōngguó

二．適当な方向補語を（ ）に入れて文を完成させ、日本語に訳しなさい。

1) 她从疾病中解脱（　　）了。　　　Tā cóng jíbìng zhōng jiětuō (　　) le.
   訳 _____

2) 王大夫走（　　）了手术室。　　　Wáng dàifu zǒu (　　) le shǒushùshì.
   訳 _____

3) 我今天没有带（　　）口罩。　　　Wǒ jīntiān méiyǒu dài (　　) kǒuzhào.
   訳 _____

4) 大林昨天买（　　）了电脑。　　　Dàlín zuótiān mǎi (　　) le diànnǎo.
   訳 _____

5) 我想（　　）了一个好办法。　　　Wǒ xiǎng (　　) le yí ge hǎo bànfǎ.
   訳 _____

《123》 三．ピンインの語順で文を完成させ、和訳しなさい。

1) 我 写上 帽子 在 上 了 名字。　　Wǒ zài màozi shang xiěshangle míngzi.
   正解：_____　訳：_____

2) 他 月票 拿出 钱包 里 从 了。　　Tā cóng qiánbāo li náchule yuèpiào.
   正解：_____　訳：_____

3) 我 的 好 中学 想起 了 朋友。　　Wǒ xiǎngqile zhōngxué de hǎo péngyou.
   正解：_____　訳：_____

4) 妈妈 没 昨天 照相机 带去。　　　Māma zuótiān méi dàiqu zhàoxiàngjī.
   正解：_____　訳：_____

5) 大夫 病房 进 走廊 走 从 了。　　Dàifu cóng zǒuláng zǒujinle bìngfáng.
   正解：_____　訳：_____

第14課
住院 生活
Zhùyuàn shēnghuó

❖常用単語：症状❖

心烦 xīnfán	发困 fākùn	发麻 fāmá
いらいらする	眠くなる	しびれる
发懒 fālǎn	发痒 fāyǎng	疼 téng
だるくなる	痒くなる	痛い
刺痛 cìtòng	阵痛 zhèntòng	剧痛 jùtòng
刺すように痛む	陣痛	激痛
跳着疼 tiàozhe téng	隐隐作痛 yǐnyǐn zuòtòng	火辣辣地疼 huǒlàlà de téng
ずきずき痛む	しくしく痛む	ひりひり痛む

● 会話

护士：昨天 晚上 休息得 怎么样？
　　　Zuótiān wǎnshang xiūxide zěnmeyàng?

患者：谢谢！睡得 很 香。
　　　Xièxie! Shuìde hěn xiāng.

护士：您 日语 说得 真 好，学了 几 年 了？
　　　Nín Rìyǔ shuōde zhēn hǎo, xuéle jǐ nián le?

患者：哪里，哪里。我 学了 两 年 了。
　　　Nǎli, nǎli. Wǒ xuéle liǎng nián le.

护士：您 觉得 日语 比 汉语 难 吗？
　　　Nín juéde Rìyǔ bǐ Hànyǔ nán ma?

患者：没有 汉语 难。
　　　Méiyǒu Hànyǔ nán.

护士：汉语 的 发音 太 难 了！
　　　Hànyǔ de fāyīn tài nán le!

患者：可能 比 日语 难 一点儿。
　　　Kěnéng bǐ Rìyǔ nán yìdiǎnr.

● 新出語句

1)	住院	[動] 入院する		10)	哪里	[応] どういたしまして
2)	昨天	[名] 昨日		11)	觉得	[動] 感じる．〜と思う
3)	休息	[動] 眠る．寝る．休む		12)	比	[介] 〜より．〜に比べて
4)	得	[助] （様態補語を導く）		13)	汉语	[名] 中国語
5)	睡	[動] 眠る．寝る		14)	难	[形] 難しい
6)	香	[形] ぐっすり（寝る）		15)	没有	[動] 〜ほど〜ない．及ばない
7)	日语	[名] 日本語		16)	发音	[名] 発音
8)	真	[副] 本当に		17)	太	[副] たいへん．とても
9)	学	[動] 学ぶ．習う		18)	可能	[副] かも知れない．らしい

❖ 基礎文法

《127》 ●様態補語

構造助詞"得"について、状態や程度などを補足説明する語句を様態補語という。

A．状態

○ ～述語［動詞］＋得＋様態補語［形容詞など］

1) 我最近每天都睡得很晚。　　Wǒ zuìjìn měitiān dōu shuìde hěn wǎn.
2) 你们每天过得很愉快吗?　　Nǐmen měitiān guòde hěn yúkuài ma?

○ ～（動詞A＋）目的語＋動詞A＋得＋様態補語［形容詞など］

1) 你（说）英语说得真好。　　Nǐ (shuō) Yīngyǔ shuōde zhēn hǎo.
2) 她（打）针打得特别好。　　Tā (dǎ) zhēn dǎde tèbié hǎo.

B．程度

○ ～述語［心理動詞／形容詞］＋得＋様態補語［動詞（句）／形容詞など］

1) 那位骨折患者疼得哭了。　　Nà wèi gǔzhé huànzhě téngde kū le.
2) 我爸最近忙得经常熬夜。　　Wǒ bà zuìjìn mángde jīngcháng áoyè.

《128》 ●比較の表現

A．比（不比／没有）

1) 今天的最高气温比昨天低。　　Jīntiān de zuìgāo qìwēn bǐ zuótiān dī.
2) 我们医院护士不比他们少。　　Wǒmen yīyuàn hùshi bù bǐ tāmen shǎo.
3) 我说英语说得没有大林好。　　Wǒ shuō Yīngyǔ shuōde méiyǒu Dàlín hǎo.

B．和～一样（不一样）

1) 宫崎护士的年龄和我一样。　　Gōngqí hùshi de niánlíng hé wǒ yíyàng.
2) 他的爱好和王大夫不一样。　　Tā de àihào hé Wáng dàifu bù yíyàng.

C．和～差不多／相似

1) 大阪的气候和上海差不多。　　Dàbǎn de qìhòu hé Shànghǎi chàbuduō.
2) 理惠的性格和雅子很相似。　　Lǐhuì de xìnggé hé Yǎzǐ hěn xiāngsì.

《129》 ●数量補語

述語の後について、具体的な数量を明確に説明する数量詞などを数量補語という。

○ ～述語 ＋数量補語［数量詞など］

1) 患者的体重增加了一公斤。　　Huànzhě de tǐzhòng zēngjiāle yì gōngjīn.
2) 和子的男朋友比她大两岁。　　Hézǐ de nánpéngyou bǐ tā dà liǎng suì.
3) 李梅比山口里美高两厘米。　　Lǐ Méi bǐ Shānkǒu Lǐměi gāo liǎng límǐ.

❖ 練習問題

《130》 一．次の文の_____に語句を入れ替えて読んでみましょう。

1) A：你　(a)　得怎么样？　　　　(a) 休息 xiūxi　　　　睡 shuì
   B：谢谢！　(a)　得　(b)　。　(b) 很好 hěn hǎo　　　很香 hěn xiāng

2) A：今天　(a)　不　(a)　？　　(a) 冷 lěng　　　　　热 rè
   B：今天　(b)　昨天　(a)　。　(b) 比 bǐ　　　　　　没有 méiyǒu

3) A：你　(a)　多少？　　　　　　(a) 身高 shēngāo　　体重 tǐzhòng
   B：和　(b)　差不多。　　　　　(b) 小林 Xiǎolín　　青山 Qīngshān

《131》 二．ピンインの語順で文を完成させ、和訳しなさい。

1) 病人　一天　睡　得　累　了　手术。　　Shǒushù bìngrén lèide shuìle yì tiān.
   正解：_____　訳：_____

2) 他　不　忙　星期天　休息　也　得。　　Tā mángde xīngqītiān yě bù xiūxi.
   正解：_____　訳：_____

3) 她　睡觉　兴奋　没　得　一晚上。　　　Tā xīngfènde yìwǎnshang méi shuìjiào.
   正解：_____　訳：_____

4) 我　两　岁　大　小林真由美　比。　　　Wǒ bǐ Xiǎolín Zhēnyóuměi dà liǎng suì.
   正解：_____　訳：_____

5) 花子　漂亮　的　姐姐　还　比　她。　　Huāzǐ de jiějie bǐ tā hái piàoliang.
   正解：_____　訳：_____

三．語順を並べ替えて文を完成させ、和訳しなさい。

1) 吉田桃子　高　木村　比　三　厘米。　　Jítián Táozǐ gāo Mùcūn bǐ sān límǐ.
   正解：_____　訳：_____

2) 他　流利　的　英语　木村理　没有。　　Tā liúlì de Yīngyǔ Mùcūn Lǐ méiyǒu.
   正解：_____　訳：_____

3) 她　好　钢琴　弹　我　比　弹　得。　　Tā hǎo gāngqín tán wǒ bǐ tán de.
   正解：_____　訳：_____

4) 他　中国菜　做　好　我　比　得。　　　Tā Zhōngguócài zuò hǎo wǒ bǐ de.
   正解：_____　訳：_____

5) 她　和　老师　一样　汉语　说　得。　　Tā hé lǎoshī yíyàng Hànyǔ shuō de.
   正解：_____　訳：_____

第15課

日常 交际
Rìcháng jiāojì

❖常用単語：趣味❖

运动 yùndòng 運動	看书 kàn shū 読書する	书法 shūfǎ 書道
唱歌 chàng gē 歌を歌う	跳舞 tiàowǔ 踊る	摄影 shèyǐng 撮影する
烹调 pēngtiáo 調理する	茶道 chádào 茶道	花道 huādào 華道
购物 gòu wù 買い物をする	养花 yǎng huā 花を栽培する	养宠物 yǎng chǒngwù ペットを飼う

《133》 ● 会話

患者：林 护士，好久 没 见 了。
　　　Lín hùshi, hǎojiǔ méi jiàn le.

护士：王 先生，最近 恢复得 怎么样?
　　　Wáng xiānshen, zuìjìn huīfùde zěnmeyàng?

患者：左 臂 还 抬不起来。
　　　Zuǒ bì hái táibuqǐlái.

护士：您 每天 要 坚持 理疗。
　　　Nín měitiān yào jiānchí lǐliáo.

患者：谢谢 你 的 关心。
　　　Xièxie nǐ de guānxīn.

护士：别 客气! 您 听得懂 我 说 的 汉语 吗?
　　　Bié kèqi! Nín tīngdedǒng wǒ shuō de Hànyǔ ma?

患者：我 听懂 了，你 的 发音 很 标准。
　　　Wǒ tīngdǒng le, nǐ de fāyīn hěn biāozhǔn.

护士：谢谢! 我 特别 喜欢 学 汉语。
　　　Xièxie! Wǒ tèbié xǐhuan xué Hànyǔ.

《134》 ● 新出語句

1) 交际　[名] 交際．付き合い
2) 好久　[形] 長い間．長いこと
3) 见　[動] 会う．顔を会わせる
4) ～先生　[名] ～さん（男性）
5) 恢复　[動] 回復する
6) 臂　[名] 腕
7) 抬　[動] 上げる
8) 每天　[名] 毎日
9) 要～　[助動] （～し）なくてはならない
10) 坚持　[動] 頑張って続ける
11) 理疗　[名] 物理療法
12) 谢谢　[動] 感謝する
13) 关心　[動] 心を配る．気にかける
14) 客气　[動] 遠慮する
15) 听　[動] 聞く
16) 得　[助] （可能補語を導く）
17) ～懂　[動] わかる（補語に用いる）
18) 标准　[形] 正確だ
19) 喜欢　[動] 好きだ．好む
20) 学　[動] 学ぶ．習う

❖ 基礎文法

《135》 ● 結果補語

動作や行為によって生じる具体的な結果を表す動詞や形容詞を結果補語という。

A　常用される動詞 "会／懂／见／完"

○　〜述語＋［動詞］＋結果補語［動詞］（＋目的語）

  1)　我也学会静脉注射了。　　〔習得する〕　Wǒ yě xuéhuì jìngmài zhùshè le.
  2)　我没（有）听懂说明。　　〔理解する〕　Wǒ méi(you) tīngdǒng shuōmíng.
  3)　我在图书馆看见他了。　　〔感じ取る〕　Wǒ zài túshūguǎn kànjian tā le.
  4)　你写完实习报告了吗？　　〔完了する〕　Nǐ xiěwán shíxí bàogào le ma?

B　常用される形容詞 "错／好／干净／清楚"

○　〜述語＋［動詞］＋結果補語［形容詞］（＋目的語）

  1)　对不起，我又写错了。　　〔間違える〕　Duìbuqǐ, wǒ yòu xiěcuò le.
  2)　您办好出院手续了吗？　　〔完成する〕　Nín bànhǎo chūyuàn shǒuxù le ma?
  3)　房间已经打扫干净了。　　〔清潔である〕　Fángjiān yǐjīng dǎsǎogānjìng le.
  4)　您听清楚我的话了吗？　　〔明確である〕　Nín tīngqīngchu wǒ de huà le ma?

《136》 ● 可能補語

助動詞を用いて可能・不可能を表すことができるが、可能・不可能の原因や理由などを簡潔かつ具体的に説明する場合、可能補語がよく用いられる。述語と結果補語・方向補語の間に構造助詞 "得" を加えると、可能補語を作ることができる。

○　〜述語［動詞］＋得＋補語［結果／方向補語など］（＋目的語）

  1)　我看得见黑板上的小字。　　Wǒ kàndejiàn hēibǎnshang de xiǎo zì.
  2)　对不起，我听不懂汉语。　　Duìbuqǐ, wǒ tīngbudǒng Hànyǔ.
  3)　我女朋友还说不好日语。　　Wǒ nǚpéngyou hái shuōbuhǎo Rìyǔ.
  4)　我的左胳膊抬不起来了。　　Wǒ de zuǒ gēbo táibuqǐlái le.
  5)　你看得出她是哪国人吗？　　Nǐ kàndechū tā shì nǎ guó rén ma?

《137》 ● 心理動詞

名詞や動詞などの前に置き、興味・趣味・感情などを表す動詞 "爱好" "爱" "喜欢" などを心理動詞という。

○　〜心理動詞＋名詞／動詞（＋目的語）

  1)　宫崎大夫特别爱好音乐。　　Gōngqí dàifu tèbié àihào yīnyuè.
  2)　林护士长非常爱吃水果。　　Lín hùshizhǎng fēicháng ài chī shuǐguǒ.
  3)　我的女儿最不喜欢打针。　　Wǒ de nǚ'ér zuì bù xǐhuan dǎzhēn.
  4)　你们喜欢不喜欢日本菜？　　Nǐmen xǐhuan bu xǐhuan Rìběn cài?

❖ 練習問題

《138》一．次の文の＿＿＿＿に語句を入れ替えて読んでみましょう。

1) A：你爱吃 ＿(a)＿ 吗？　　　　(a) 香蕉 xiāngjiāo　　　鸡肉 jīròu
   B：不，我爱吃 ＿(b)＿ 。　　　(b) 苹果 píngguǒ　　　牛肉 niúròu

2) A：你喜欢 ＿(a)＿ 吗？　　　　(a) 看书 kàn shū　　　花子 Huāzǐ
   B：不，我喜欢 ＿(b)＿ 。　　　(b) 运动 yùndòng　　　雅子 Yǎzǐ

3) A：你爱好 ＿(a)＿ 吗？　　　　(a) 书法 shūfǎ　　　乐器 yuèqì
   B：不，我爱好 ＿(b)＿ 。　　　(b) 绘画 huìhuà　　　舞蹈 wǔdǎo

二．（　）内に入る最も適当な語を下の【　】から選んで文を完成させ、和訳しなさい。

1) 他还吃不（　　　）日本的纳豆。　　　Tā hái chību（　　　）Rìběn de nàdòu.
   訳 ＿＿＿＿＿＿＿＿＿＿＿＿＿＿＿＿＿＿＿＿＿＿＿＿＿＿＿＿＿＿

2) 我一点儿也听不（　　　）你的话。　　Wǒ yìdiǎnr yě tīngbu（　　　）nǐ de huà.
   訳 ＿＿＿＿＿＿＿＿＿＿＿＿＿＿＿＿＿＿＿＿＿＿＿＿＿＿＿＿＿＿

3) 在中国也买得（　　　）日本药。　　　Zài Zhōngguó yě mǎide（　　　）Rìběn yào.
   訳 ＿＿＿＿＿＿＿＿＿＿＿＿＿＿＿＿＿＿＿＿＿＿＿＿＿＿＿＿＿＿

4) 这瓶葡萄糖上午打不（　　　）。　　　Zhè píng pútaotáng shàngwǔ dǎbu（　　　）.
   訳 ＿＿＿＿＿＿＿＿＿＿＿＿＿＿＿＿＿＿＿＿＿＿＿＿＿＿＿＿＿＿

5) 我没戴隐形眼镜，看不（　　　）。　　Wǒ méi dài yǐnxíng yǎnjìng, kànbu（　　　）.
   訳 ＿＿＿＿＿＿＿＿＿＿＿＿＿＿＿＿＿＿＿＿＿＿＿＿＿＿＿＿＿＿

【懂 dǒng・完 wán・清楚 qīngchu・到 dào・惯 guàn・会 huì】

《139》三．次の文を読んで和訳しなさい。

1) 我找到国民健康保险证了。　　　Wǒ zhǎodào guómín jiànkāng bǎoxiǎnzhèng le.
   訳 ＿＿＿＿＿＿＿＿＿＿＿＿＿＿＿＿＿＿＿＿＿＿＿＿＿＿＿＿＿＿

2) 下午的电影票已经卖完了。　　　Xiàwǔ de diànyǐng piào yǐjīng màiwán le.
   訳 ＿＿＿＿＿＿＿＿＿＿＿＿＿＿＿＿＿＿＿＿＿＿＿＿＿＿＿＿＿＿

3) 下星期的小考准备好了吗？　　　Xià xīngqī de xiǎokǎo zhǔnbèihǎole ma?
   訳 ＿＿＿＿＿＿＿＿＿＿＿＿＿＿＿＿＿＿＿＿＿＿＿＿＿＿＿＿＿＿

4) 中午我吃多了，不太舒服。　　　Zhōngwǔ wǒ chīduō le, bú tài shūfu.
   訳 ＿＿＿＿＿＿＿＿＿＿＿＿＿＿＿＿＿＿＿＿＿＿＿＿＿＿＿＿＿＿

5) 不好意思，我也没有听懂。　　　Bù hǎoyìsi, wǒ yě méiyou tīngdǒng.
   訳 ＿＿＿＿＿＿＿＿＿＿＿＿＿＿＿＿＿＿＿＿＿＿＿＿＿＿＿＿＿＿

第16課
康复 出院
Kāngfù chūyuàn

❖常用単語：行動❖

起床 qǐchuáng 起きる	刷牙 shuā yá 歯を磨く	洗脸 xǐ liǎn 顔を洗う
用餐 yòng cān 食事をする	洗澡 xǐzǎo 入浴する	睡觉 shuìjiào 寝る
值班 zhíbān 当直する	查房 cháfáng 回診する	清扫 qīngsǎo 掃き清める
打工 dǎgōng アルバイトする	回家 huí jiā 帰宅する	结婚 jiéhūn 結婚する

《141》● 会話

护士：王　先生，听说　您　快　出院　了。
　　　Wáng xiānsheng, tīngshuō nín kuài chūyuàn le.

患者：对，我　下　周　就　要　出院　了。
　　　Duì, wǒ xià zhōu jiù yào chūyuàn le.

护士：祝　您　早日　康复！
　　　Zhù nín zǎorì kāngfù!

患者：林　护士，谢谢　你　特意　来　看　我。
　　　Lín hùshi, xièxie nǐ tèyì lái kàn wǒ.

护士：别　客气！这　是　我　应该　做　的。
　　　Bié kèqi! Zhè shì wǒ yīnggāi zuò de.

患者：这　一　个　月　给　你　添　麻烦　了。
　　　Zhè yí ge yuè gěi nǐ tiān máfan le.

护士：哪儿　的　话，您　出院　后　要　好好儿　休息。
　　　Nǎr de huà, nín chūyuàn hòu yào hǎohāor xiūxi.

患者：谢谢　你　的　关照！
　　　Xièxie nǐ de guānzhào!

《142》● 新出語句

1) 康复　　[動] 快復する
2) 出院　　[動] 退院する
3) 听说　　[動] 聞くところによると
4) 快～了　[副] ほどなく．まもなく
5) 周　　　[名] 週．週間
6) 就　　　[副]（強調を表す）
7) 要～了　[助] もうすぐ～となる
8) 祝　　　[動] 心から願う．祈る
9) 早日　　[副] 一日も早く．早めに
10) 特意　　[副] わざわざ

11) 看　　　[動] 見舞う．訪ねる
12) 应该～　[助動] ～すべきだ
13) 做　　　[動] する．作る
14) 的　　　[助]（体言の代りに用いる）
15) 这　　　[代] この
16) 给　　　[介] ～に（～する）
17) 添麻烦　[連] 迷惑をかける
18) 哪儿的话 [応] どういたしまして
19) 好好儿　[副] よく．十分に
20) 关照　　[動] 面倒を見る．世話をする

❖ 基礎文法

《143》 ●近未来の表現

A 助動詞"要"は文末に語気助詞"了"を伴い、ある動作や状態が今まさに起ころうとしていること、またほどなく実現しそうになっていることを表す。

<u>要+動詞（句）／形容詞（句）+了</u>

1) 要考试了，你很忙吧？　　　Yào kǎoshì le, nǐ hěn máng ba?
2) 要晚了，我们快走吧！　　　Yào wǎn le, wǒmen kuài zǒu ba!

B 副詞"快"が文末に語気助詞"了"を伴った時や、また副詞"就"が"要～了"の前に来た時は、時間がより切迫している状態を表す。

<u>快+動詞（句）／形容詞（句）／数量詞+了</u>

1) 快查房了，回房间吧！　　　Kuài cháfáng le, huí fángjiān ba!
2) 我奶奶的感冒快好了。　　　Wǒ nǎinai de gǎnmào kuài hǎo le.
3) 我爷爷已经快八十了。　　　Wǒ yéye yǐjīng kuài bāshí le.
4) 神社的樱花就要开了。　　　Shénshè de yīnghuā jiù yào kāi le.

《144》 ●兼語文

二つの動詞句をもって、前の動詞の目的語が後の動詞の主語を兼ねる動詞述語文。

<u>主語A＋述語B＋兼語［目的語C・主語a］＋述語b（＋目的語c）</u>

A．使役動詞"叫／让"
1) 我妈妈叫我报考护校。　　　Wǒ māma jiào wǒ bàokǎo hùxiào.
2) 今天大夫不让我洗澡。　　　Jīntiān dàifu bú ràng wǒ xǐzǎo.

B．使役性動詞"希望／要求"
1) 我们希望您按时吃药。　　　Wǒmen xīwàng nín ànshí chī yào.
2) 老师要求大家都参加。　　　Lǎoshī yāoqiú dàjiā dōu cānjiā.

C．ほかの動詞"教／知道"
1) 护士长教我练习注射。　　　Hùshizhǎng jiāo wǒ liànxí zhùshè.
2) 我知道他得过肺结核。　　　Wǒ zhīdao tā déguo fèijiéhé.

《145》 ●構造助詞"的"（5）

「ヒト・モノ・コト・トコロ」など修飾を受ける体言が文脈ではっきり分かる場合には、構造助詞"的"がその代わりに用いられる。

1) 那个短头发的是小林。　　　Nàge duǎn tóufa de shì Xiǎolíng.
2) 这个红提包不是我的。　　　Zhège hóng tíbāo bú shì wǒ de.
3) 您说的我也不太清楚。　　　Nín shuō de wǒ yě bú tài qīngchu.
4) 那个地方不是你去的。　　　Nàge dìfang bú shì nǐ qù de.

❖ 練習問題

《146》 一. 次の文の_____に語句を入れ替えて読んでみましょう。

1) A：听说你 (a) (b) 得不错。　　(a) 足球 zúqiú　　　　汉语 Hànyǔ
   B：哪里，哪里。　　　　　　　(b) 踢 tī　　　　　　说 shuō

2) A：听说他 (a) (b) 了?　　　　(a) 有 yǒu　　　　　去 qù
   B：对，(a) (b) 了。　　　　　(b) 对象 duìxiàng　　北京 Běijīng

3) A：快 (a) 了！　　　　　　　(a) 新年 xīnnián　　考试 kǎoshì
   B：太 (b) 了。　　　　　　　(b) 高兴 gāoxìng　　紧张 jǐnzhāng

二. 適当な語（ ）を入れて近未来の表現を完成させ，和訳しなさい。

1) 我们就（　）国家考试了。　　　　Wǒmen jiù (　　) guójiā kǎoshì le.
   訳 _____

2) 东京的梅花也（　）开了。　　　　Dōngjīng de méihuā yě (　　) kāi le.
   訳 _____

3) （　　）九点了，起床吧！　　　　(　　　) jiǔ diǎn le, qǐchuáng ba!
   訳 _____

4) 我们来上海（　）一年了。　　　　Wǒmen lái Shànghǎi (　　) yì nián le.
   訳 _____

5) 我的花粉症（　）好了。　　　　　Wǒ de huāfěnzhèng (　　) hǎo le.
   訳 _____

三. 適当な語を（ ）に入れて兼語文を完成させ，和訳しなさい。

1) 不好意思，今天（　）你破费了。　Bù hǎoyìsi, jīntiān (　　) nǐ pòfèi le.
   訳 _____

2) 他（　）一个妹妹在奥地利留学。　Tā (　　) yí ge mèimei zài Àodìlì liúxué.
   訳 _____

3) 护士长（　）我和她一起去查房。　Hùshizhǎng (　　) wǒ hé tā yìqǐ qù cháfáng.
   訳 _____

4) （　）我看看您的保险证好吗?　　(　　) wǒ kànkan nín de bǎoxiǎnzhèng hǎo ma?
   訳 _____

5) 我又来晚了，（　）你们久等了。　Wǒ yòu láiwǎn le, (　　) nǐmen jiǔděng le.
   訳 _____

【常用表現】
日常寒暄
（あいさつ）

《147》 1 您 好!
Nín hǎo!
こんにちは。

2 请 进!
Qǐng jìn!
お入りください。

3 请 坐!
Qǐng zuò!
お掛けください。

4 请 随 我 来!
Qǐng suí wǒ lái!
私の後についてきてください。

5 请 稍 等, 我 就 来!
Qǐng shāo děng, wǒ jiù lái!
すぐ来ますので、少々お待ちください。

6 让 您 久等 了!
Ràng nín jiǔděng le!
大変お待たせしました。

7 请问, 您 叫 什么 名字?
Qǐngwèn, nín jiào shénme míngzi?
お尋ねしますが、お名前は。

8 您 住在 什么 地方?
Nín zhùzai shénme dìfang?
お住まいはどちらですか。

9 请告诉我您的电话号码。
Qǐng gàosu wǒ nín de diànhuà hàomǎ.
お電話番号を教えてください。

10 请您再说一遍好吗?
Qǐng nín zài shuō yí biàn hǎo ma?
もう一度言っていただけますか。

11 您好!需要我们帮助吗?
Nín hǎo! Xūyào wǒmen bāngzhù ma?
こんにちは、何か困ったことがありますか。

12 实在抱歉,没法帮您的忙。
Shízài bàoqiàn, méi fǎ bāng nín de máng.
お力添えできなくて、まことに申し訳ありません。

13 有什么事儿,请马上告诉我。
Yǒu shénme shìr, qǐng mǎshàng gàosu wǒ.
何があったら、すぐ声をかけてください。

14 谢谢!
Xièxie!
有難うございます。

15 不用谢!
Búyòng xiè!
どういたしまして。

16 请慢走!
Qǐng màn zǒu!
お気をつけて。

17 再见!
Zàijiàn!
さようなら。

【常用表現】
院内设施
（院内施設）

《148》 1 挂号处 在 大厅 右 侧。
Guàhàochù zài dàtīng yòu cè.
受付はロビーの右側にあります。

2 请 一直 走!
Qǐng yìzhí zǒu!
真っすぐ行ってください。

3 请 往 右 拐!
Qǐng wǎng yòu guǎi!
右へお曲がりください。

4 请 去 化验室。
Qǐng qù huàyànshì.
病理検査室に行ってください。

5 取药处 在 一 楼。
Qǔyàochù zài yī lóu.
薬局は一階にあります。

6 对不起, 四 楼 没有 自动 贩卖机。
Duìbuqǐ, sì lóu méiyǒu zìdòng fànmàijī.
すみませんが、4階には自動販売機がありません。

7 洗手间 就 在 前面。
Xǐshǒujiān jiù zài qiánmian.
お手洗いはすぐ前にあります。

8 请 走到头 往 左 拐!
Qǐng zǒudào tóu wǎng zuǒ guǎi!
突き当たりで左へ曲がってください。

9 电梯 在 大厅 左侧。
Diàntī zài dàtīng zuǒcè.
エレベータはロビーの左側にあります。

10 公用 电话 在 正门 旁边。
Gōngyòng diànhuà zài zhèngmén pángbiān.
公衆電話は玄関の横にあります。

11 妇产科 在 透视室 对面。
Fùchǎnkē zài tòushìshì duìmiàn.
産婦人科はレントゲン室の向かい側にあります。

12 康复 中心 在 B 栋 一 楼。
Kāngfù zhōngxīn zài B dòng yī lóu.
リハビリセンターはB棟の一階にあります。

13 自动 取款机 在 楼梯 旁边。
Zìdòng qǔkuǎnjī zài lóutī pángbiān.
ＡＴＭは階段の横にあります。

14 牙科 不 在 一 楼，在 二 楼。
Yákē bú zài yī lóu, zài èr lóu.
歯科は一階ではなくて、二階です。

15 处置室 在 内科 和 外科 中间。
Chǔzhìshì zài nèikē hé wàikē zhōngjiān.
処置室は内科と外科の間にあります。

16 ３０８号 病房 在 护士站 旁边儿。
Sān líng bā hào bìngfáng zài hùshizhàn pángbiānr.
308号室はナースステーションの隣です。

【常用表现】
挂号候诊
（受付待合）

《149》 1 您 怎么 了？
Nín zěnme le?
どうなさいましたか。

2 您 哪里 不 舒服？
Nín nǎli bù shūfu?
どこか具合が悪いのですか。

3 您 想 挂 什么 科？
Nín xiǎng guà shénme kē?
何科にかかりたいのですか。

4 我 带 您 去 诊室。
Wǒ dài nín qù zhěnshì.
診察室へご案内します。

5 初诊 在 2 号 窗口。
Chūzhěn zài èr hào chuāngkǒu.
初診の受付は2番窓口です。

6 请 您 测 一下 体温。
Qǐng nín cè yíxià tǐwēn.
体温を測りましょう。

7 您 吸烟 吗？
Nín xīyān ma?
タバコを吸いますか。

8 一 天 吸 几 支？
Yì tiān xī jǐ zhī?
一日に何本吸いますか。

8 您 喝 酒 吗？
　Nín　hē　jiǔ　ma?
　お酒を飲まれますか。

　一 天 喝 多少？
　Yì　tiān　hē　duōshao?
　一日どのくらい飲みますか。

9 请 您 填 一下 问诊表。
　Qǐng　nín　tián　yíxià　wènzhěnbiǎo.
　この問診票に記入してください。

10 请 告诉 我 您 的 生年月日。
　Qǐng　gàosu　wǒ　nín　de　shēngniányuèrì.
　生年月日を教えてください。

11 您 结婚 了 吗？
　Nín　jiéhūn　le　ma?
　結婚をしていますか。

12 您 以前 得过 什么 大病 吗？
　Nín　yǐqián　déguo　shénme　dàbìng　ma?
　大きな病気をしたことがありますか。

13 您 是 什么 时候 得 的 心脏病？
　Nín　shì　shénme　shíhou　dé　de　xīnzàngbìng?
　心臓病になったのはいつですか。

14 请 您 在 这儿 休息 等候。
　Qǐng　nín　zài　zhèr　xiūxi　děnghòu.
　ここに座ってお待ちください

15 王 先生，请 到 2 号 诊室 就诊。
　Wáng　xiānsheng, qǐng　dào　èr　hào　zhěnshì　jiùzhěn.
　王さん、2号診察室にお入りください。

16 请 让 我 看 一下 您 的 国民 健康 保险证。
　Qǐng　ràng　wǒ　kàn　yíxià　nín　de　guómín　jiànkāng　bǎoxiǎnzhèng.
　国民健康保険証を見せてください。

【常用表現】
身体部位
(体の各部)

● **人体外部** ●

1	脸	liǎn	顔		19	指甲	zhǐjia	爪
2	嘴	zuǐ	口		20	皮肤	pífū	皮膚
3	牙	yá	歯		21	胸	xiōng	胸
4	脑袋	nǎodai	頭		22	乳房	rǔfáng	乳房
5	头发	tóufa	髪		23	肚子	dùzi	腹
6	鼻子	bízi	鼻		24	肚脐	dùqí	へそ
7	眼睛	yǎnjing	目		25	腰	yāo	腰
8	舌头	shétou	舌		26	颈椎	jǐngzhuī	頸椎
9	耳朵	ěrduo	耳		27	臀部	túnbù	臀部
10	眼球	yǎnqiú	眼球		28	大腿	dàtuǐ	大腿
11	喉咙	hóulong	喉		29	膝盖	xīgài	膝
12	下巴	xiàba	あご		30	小腿	xiǎotuǐ	すね
13	脖子	bózi	首		31	脚	jiǎo	足
14	肩膀	jiānbǎng	肩		32	脚趾	jiǎozhǐ	足の指
15	后背	hòubèi	背中		33	脚脖子	jiǎobózi	足首
16	前臂	qiánbì	前腕		34	生殖器	shēngzhíqì	生殖器
17	手腕	shǒuwàn	手首		35	肛门	gāngmén	肛門
18	拇指	mǔzhǐ	親指		36	睾丸	gāowán	睾丸

《151》 ● **人体内部** ●

1	脑	nǎo	脳
2	支气管	zhīqìguǎn	気管支
3	食道	shídào	食道
4	咽喉	yānhóu	咽喉
5	扁桃腺	biǎntáoxiàn	扁桃腺
6	肌肉	jīròu	筋肉
7	骨头	gǔtou	骨
8	关节	guānjié	関節
9	肺	fèi	肺
10	心脏	xīnzàng	心臓
11	胃	wèi	胃
12	肋骨	lèigǔ	脇骨
13	肝脏	gānzàng	肝臓
14	脾脏	pízàng	脾臓
15	胆囊	dǎnnáng	胆嚢
16	肾脏	shènzàng	腎臓
17	膀胱	pángguāng	膀胱
18	胰脏	yízàng	膵臓
19	甲状腺	jiǎzhuànxiàn	甲状腺
20	阑尾	lánwěi	虫垂
21	小肠	xiǎocháng	小腸
22	大肠	dàcháng	大腸
23	结肠	jiécháng	結腸
24	直肠	zhícháng	直腸
25	十二指肠	shí'èrzhǐcháng	十二指腸
26	子宫	zǐgōng	子宮
27	卵巢	luǎncháo	卵巣
28	阴道	yīndào	膣
29	静脉	jìngmài	静脈
30	动脉	dòngmài	動脈
31	血型	xuèxíng	血液型
32	尿道	niàodào	尿道

【常用表現】
病名症状
(病名症状)

● 病 名 ●

1	高血压	gāoxuèyā	高血圧	20	肾炎	shènyán	腎炎
2	糖尿病	tángniàobìng	糖尿病	21	膀胱炎	pángguāngyán	膀胱炎
3	花粉症	huāfěnzhèng	花粉症	22	贫血	pínxuè	貧血
4	感冒	gǎnmào	風邪	23	结核	jiéhé	結核
5	流感	liúgǎn	インフルエンザ	24	肺炎	fèiyán	肺炎
6	泻肚	xièdù	下痢	25	支气管炎	zhīqìguǎnyán	気管支炎
7	癌	ái	癌	26	哮喘	xiàochuǎn	喘息
8	肿瘤	zhǒngliú	腫瘍	27	百日咳	bǎirìké	百日咳
9	牙疼	yáténg	歯痛	28	扁桃腺炎	biǎntáoxiànyán	扁桃腺炎
10	骨折	gǔzhé	骨折	29	白血病	báixuèbìng	白血病
11	扭伤	niǔshāng	捻挫	30	麻疹	mázhěn	はしか
12	脱臼	tuōjiù	脱臼	31	水痘	shuǐdòu	水疱瘡
13	脑溢血	nǎoyìxuè	脳卒中	32	湿疹	shīzhěn	湿疹
14	心肌梗塞	xīnjīgěngsè	心筋梗塞	33	荨麻疹	xúnmázhěn	蕁麻疹
15	胃溃疡	wèikuìyáng	胃潰瘍	34	艾滋病	àizībìng	エイズ
16	肝硬变	gānyìngbiàn	肝硬変	35	梅毒	méidú	梅毒
17	胆结石	dǎnjiéshí	胆石	36	非典	fēidiǎn	サーズ
18	阑尾炎	lánwěiyán	虫垂炎	37	脚气	jiǎoqì	水虫
19	肝炎	gānyán	肝炎	38	白内障	báinèizhàng	白内障

● 症　状 ●

1	疲倦	píjuàn	だるい
2	心烦	xīnfán	いらいらする
3	恶心	ěxin	吐き気がする
4	咳嗽	késou	咳をする
5	流鼻涕	liúbítì	鼻水が出る
6	低烧	dīshāo	微熱
7	高烧	gāoshāo	高熱
8	发烧	fāshāo	発熱
9	发冷	fālěng	寒気がする
10	发困	fākùn	眠くなる
11	发懒	fālǎn	だるくなる
12	发痒	fāyǎng	痒くなる
13	发麻	fāmá	しびれる
14	发炎	fāyán	炎症を起こす
15	化脓	huànóng	化膿する
16	疼	téng	痛い
17	头疼	tóuténg	頭が痛い
18	头晕	tóuyūn	めまいがする
19	耳鸣	ěrmíng	耳鳴りがする
20	胸疼	xiōngténg	胸が痛い
21	胸闷	xiōngmèn	胸苦しい
22	胃疼	wèiténg	胃が痛い
23	烧心	shāoxīn	胸焼けがする
24	肚子疼	dùziténg	腹が痛い
25	泻肚	xièdù	腹を下す
26	便秘	biànmì	便秘
27	嗓子疼	sǎngziténg	喉が痛い
28	牙疼	yáténg	歯が痛い
29	关节疼	guānjiéténg	関節が痛い
30	腰疼	yāoténg	腰が痛い
31	怀孕	huáiyùn	妊娠
32	流产	liúchǎn	流産
33	刺痛	cìtòng	刺すように痛む
34	阵痛	zhèntòng	陣痛
35	剧痛	jùtòng	激痛
36	跳着疼	tiàozhe téng	ずきずき痛む
37	隐隐作痛	yǐnyǐn zuòtòng	しくしく痛む
38	钻心地疼	zuānxīnde téng	きりきり痛い
39	火辣辣地疼	huǒlàlàde téng	ひりひり痛む

【常用表現】
问诊治疗
（問診治療）

1 让您久等了！
Ràng nín jiǔděng le!
大変お待たせしました。

2 您发烧吗？
Nín fāshāo ma?
熱はありますか。

3 请您深呼吸！
Qǐng nín shēn hūxī!
深呼吸をしてください。

4 请您不要担心。
Qǐng nín búyào dānxīn.
心配しないでください。

5 您什么地方疼？
Nín shénme dìfanag téng?
どこが痛いのですか。

6 这个部位疼吗？
Zhège bùwèi téng ma?
この部位は痛みますか。

7 还有其他症状吗？
Hái yǒu qítā zhèngzhuàng ma?
ほかの症状はありますか。

8 您头疼多长时间了？
Nín tóuténg duō cháng shíjiān le?
頭痛はどのくらい続いていますか。

9 您 吃 什么 药 了 吗?
　　Nín chī shénme yào le ma?
　　何か薬を飲みましたか。

10 您 家里 有人 得过 同样 的 病 吗?
　　Nín jiāli yǒu rén déguo tóngyàng de bìng ma?
　　ご家族で同じ病気の方はいますか。

11 这个 症状 是 从 什么 时候 开始 的?
　　Zhège zhèngzhuàng shì cóng shénme shíhou kāishǐ de?
　　その症状はいつから始まりましたか。

12 请 您 放松, 不要 紧张。
　　Qǐng nín fàngsōng, búyào jǐnzhāng.
　　楽にして，緊張しないでください。

13 我们 马上 就 给 您 处置。
　　Wǒmen mǎshang jiù gěi nín chǔzhì.
　　すぐ治療します。

14 请 您 别 紧张, 一会儿 就 好 了。
　　Qǐng nín bié jǐnzhāng, yíhuìr jiù hǎo le.
　　緊張しないで，すぐ楽になりますよ。

15 请 您 到 二 号 检查室 做 血液 检查。
　　Qǐng nín dào èr hào jiǎncháshì zuò xuèyè jiǎnchá.
　　第2処置室で血液検査をしてください。

16 您 最好 入院 检查 一下。
　　Nín zuìhǎo rùyuàn jiǎnchá yíxià.
　　検査入院したほうがいいでしょう。

【常用表現】

注射点滴
（注射点滴）

《155》 1　请 到 注射室 注射。
Qǐng dào zhùshèshì zhùshè.
処置室へ注射に行ってください。

2　您 药物 过敏 吗?
Nín yàowù guòmǐn ma?
薬にアレルギーがありますか。

3　现在 为 您 做 药物 过敏 试验。
Xiànzài wèi nín zuò yàowù guòmǐn shíyàn.
薬のアレルギーテストをします。

4　现在 给 您 打 退烧 针。
Xiànzài gěi nín dǎ tuìshāo zhēn.
解熱剤の注射をします。

5　现在 给 您 肌肉 注射。
Xiànzài gěi nín jīròu zhùshè.
筋肉注射をします。

6　请 露出 肩膀。
Qǐng lòuchu jiānbǎng.
肩を出してください。

7　请 露出 臀部。
Qǐng lòuchu túnbù.
お尻を出してください。

8　对不起, 给 您 添 麻烦 了。
Duìbuqǐ, gěi nín tiān máfan le.
ご迷惑をかけてすみません。

9 请 您 好好儿 揉一揉!
Qǐng nín hǎohāor róuyiróu!
よく揉んでください。

10 请 您 不要 揉，用力 摁住!
Qǐng nín búyào róu, yònglì ènzhù!
揉まないでぐっと押さえてください。

11 您 输过 液 吗?
Nín shūguo yè ma?
点滴を受けたことがありますか。

12 这 是 营养液。
Zhè shì yíngyǎngyè.
これは栄養剤です。

13 现在 为 您 输液，大约 需要 两 个 小时。
Xiànzài wèi nín shūyè, dàyuē xūyào liǎng ge xiǎoshí.
今から点滴します、大体２時間かかります。

14 现在 为 您 输液，您 是否 要 上 厕所?
Xiànzài wèi nín shūyè, nín shìfǒu yào shàng cèsuǒ?
今から点滴します、トイレはいかがですか。

15 如果 有 什么 不 舒服，请 马上 告诉 我!
Rǔguǒ yǒu shénme bù shūfu, qǐng mǎshàng gàosu wǒ!
気分が悪くなったらすぐ教えてください。

16 今天 注射 了，请 不要 洗澡!
Jīntiān zhùshè le, qǐng búyào xǐzǎo!
注射したので、本日は入浴しないでください。

【常用表現】
常规检查
（一般検査）

《156》 1　请 把 提包 放在 这儿。
Qǐng bǎ tíbāo fàngzai zhèr.
かばんをここに置いてください。

2　请 您 吸 气!
Qǐng nín xī qì!
息を吸ってください。

3　请 您 吐气!
Qǐng nín tǔqì!
息を吐いてください。

4　请 您 张开 嘴!
Qǐng nín zhāngkāi zuǐ!
大きく口を開けてください。

5　请 您 伸出 手!
Qǐng nín shēnchu shǒu!
手を出してください。

6　请 您 握 拳!
Qǐng nín wò quán!
手でグーをつくってください。

7　好 了, 手 可以 放松 了。
Hǎo le, shǒu kěyǐ fàngsōng le.
いいですね、手を楽にしていいですよ

8　现在 为 您 抽 血。
Xiànzài wèi nín chōu xuè.
採血します。

9 现在 为 您 量 血压。
Xiànzài wèi nín liáng xuèyā.
血圧を測りましょう。

10 现在 为 您 量 脉搏。
Xiànzài wèi nín liáng màibó.
脈拍を調べましょう。

11 请 您 挽起 袖子，露出 手腕。
Qǐng nín wǎnqi xiùzi, lòuchu shǒuwàn.
袖をまくって、腕を出してください。

12 现在 为 您 量 身高 和 体重。
Xiànzài wèi nín liáng shēngāo hé tǐzhòng.
身長と体重を測りましょう。

13 现在 为 您 检查 视力 和 听力。
Xiànzài wèi nín jiǎnchá shìlì hé tīnglì.
視力と聴力の検査をします。

14 请 用 这个 杯子 去 取 尿！
Qǐng yòng zhège bēizi qù qǔ niào!
このコップに尿を採ってきてください。

15 明天 上午 空腹 检查。
Míngtiān shàngwǔ kōngfù jiǎnchá.
明日午前、空腹検査します。

16 晚上 九 点 以后，请 不要 进食。
Wǎnshang jiǔ diǎn yǐhòu, qǐng búyào jìnshí.
夜9時以降は飲食しないようにしてください。

【常用表现】
特殊检查
（特殊検査）

《157》
1. 现在 为 您 拍 心电图。
   Xiànzài wèi nín pāi xīndiàntú.
   心電図を撮ります。

2. 请 脱 鞋，躺在 床上！
   Qǐng tuō xié, tǎngzai chuángshang!
   靴を脱いで、ベッドに横になってください。

3. 请 露出 上 半身！
   Qǐng lòuchu shàng bànshēn!
   上半身裸になってください。

4. 您 可以 穿着 内衣。
   Nín kěyǐ chuānzhe nèiyī.
   下着のシャツは着ていてもけっこうです。

5. 请 摘下 项链儿！
   Qǐng zhāixia xiàngliànr!
   ネックレスをとってください。

6. 现在 为 您 做 胸部 透视。
   Xiànzài wèi nín zuò xiōngbù tòushì.
   胸のレントゲンを撮ります。

7. 请 深 呼吸，请 憋住 气！
   Qǐng shēn hūxī, qǐng biēzhù qì!
   大きく息を吸って、そして息を止めてください。

8. 现在 为 您 做 钡餐 透视。
   Xiànzài wèi nín zuò bèicān tòushì.
   胃部X線撮影をします。

9 请 把 药面儿 和 水 一口气 喝下去。
Qǐng bǎ yàomiànr hé shuǐ yìkǒuqì hēxiaqu.
この粉薬と水を一気に飲んでください。

10 请 把 钡药 全部 喝下去。
Qǐng bǎ bèiyào quánbù hēxiaqu.
バリウムを全部飲んでください。

11 这 是 泻药，请 尽量 多 喝 水。
Zhè shì xièyào, qǐng jǐnliàng duō hē shuǐ.
これは下剤です、できるだけ多く水を飲んでください。

12 现在 为 您 做 B 超，可以 吗?
Xiànzài wèi nín zuò B chāo, kěyǐ ma?
今から超音波検査をしますが、よろしいですか。

13 现在 为 您 做 大肠 内视镜 检查。
Xiànzài wèi nín zuò dàcháng nèishìjìng jiǎnchá.
今から大腸内視鏡検査をします。

14 明天 为 您 做 胃 内视镜 检查。
Míngtiān wèi nín zuò wèi nèishìjìng jiǎnchá.
明日、胃の内視鏡検査をします。

15 下 周 为 您 做 CT 检查。
Xià zhōu wèi nín zuò CT jiǎnchá.
来週、ＣＴ検査をします。

16 后天 为 您 做 MRI 检查。
Hòutiān wèi nín zuò MRI jiǎnchá.
明後日、ＭＲＩ検査をします。

【常用表現】

10 住院出院
（入院退院）

《158》
1. 您好，我是负责您的护理工作的铃木。
Nínhǎo, wǒ shì fùzé nín de hùlǐ gōngzuò de Língmù.
こんにちは、あなたの担当看護師の鈴木です。

2. 有事儿时，请按这个按钮。
Yǒu shìr shí, qǐng àn zhège ànniǔ.
用があるときは，このボタンを押してください。

3. 请稍等，我们马上去您房间。
Qǐng shāo děng, wǒmen mǎshàng qù nín fángjiān.
少しお待ちください、すぐお部屋に参ります。

4. 还有什么事需要我帮忙吗?
Hái yǒu shénme shì xūyào wǒ bāngmáng ma?
ほかに何かお手伝いできることがありますか。

5. 对不起，病房里不能吸烟。
Duìbuqǐ, bìngfángli bù néng xīyān.
すみません、病室内は禁煙です。

6. 您能吃日本饭吗?
Nín néng chī Rìběn fàn ma?
日本食は食べられますか。

7. 请再吃一点儿吧!
Qǐng zài chī yìdiǎnr ba!
もう少し食べましょう。

8. 您昨天排了几次尿?
Nín zuótiān páile jǐ cì niào?
昨日、尿は何回出ましたか。

9　您 今天 的 感觉 怎么样?
　　Nín jīntiān de gǎnjué zěnmeyàng?
　　今日の気分はいかがですか?

10　您 昨天 晚上 休息得 好 吗?
　　Nín zuótiān wǎnshang xiūxide hǎo ma?
　　昨晩はよく眠れましたか。

11　大夫 上午 十一 点 来 查房。
　　Dàifu shàngwǔ shíyī diǎn lái cháfáng.
　　先生の回診は午前11時です。

12　我 给 您 擦擦 后背 好 吗?
　　Wǒ gěi nín cāca hòubèi hǎo ma?
　　背中を拭きましょうか。

13　您 的 家属 今天 来 探视 吗?
　　Nín de jiāshǔ jīntiān lái tànshì ma?
　　ご家族は今日面会に来られますか。

14　请 您 出院 后 定期 来 复查。
　　Qǐng nín chūyuàn hòu dìngqī lái fùchá.
　　退院後も定期検査に来てくださいね。

15　请 您 出院 后 注意 饮食 和 疗养。
　　Qǐng nín chūyuàn hòu zhùyì yǐnshí hé liáoyǎng.
　　退院後も食事と療養に気をつけてくださいね。

16　祝贺 您 出院 了。
　　Zhùhè nín chūyuàn le.
　　退院おめでとうございます

【常用表現】

付款窗口
（会計窓口）

《159》 1 请 您 先 到 收费处 付款。
Qǐng nín xiān dào shōufèichù fùkuǎn.
先に会計でお支払いを済ませてください。

2 请 坐在 对面 椅子上 稍 等。
Qǐng zuòzai duìmiàn yǐzishang shāo děng.
向こうの椅子にかけて少しお待ちください。

3 请 稍 等，轮到 您 时 我 会 叫 您。
Qǐng shāo děng, lúndào nín shí wǒ huì jiào nín.
お名前が呼ばれるまでお待ちください。

4 请! 轮到 您 了。
Qǐng! Lúndào nín le.
どうぞ、あなたの番です。

5 对不起，让 您 久等 了。
Duìbuqǐ, ràng nín jiǔděng le.
すみません、大変お待たせしました。

6 您 付 现金，还是 刷卡?
Nín fù xiànjīn, háishi shuākǎ?
現金でのお支払いですか、それともカードですか

7 这 是 您 的 收据，请 收好。
Zhè shì nín de shōujù, qǐng shōuhǎo.
こちらが領収証です、お収めください

8 请 您 下 次 带来 保险证。
Qǐng nín xià cì dàilai bǎoxiǎnzhèng.
次回、保険証を持ってきてください。

9 今天 的 治疗费 三千 圆。
Jīntiān de zhìliáofèi sānqiān yuán.
今日の診察料は3千円になります。

10 对不起，您 有 零钱 吗?
Duìbuqǐ, nín yǒu língqián ma?
すみませんが、小銭はお持ちですか。

11 您 的 药 一共 一千 六百 圆。
Nín de yào yígòng yìqiān liùbǎi yuán.
お薬代は全部で1600円です。

12 这 是 找给 您 的 两千 二百 圆。
Zhè shì zhǎogěi nín de liǎngqiān èrbǎi yuán.
2200円のお釣りになります。

13 这 是 找 您 的 零钱，请 点好。
Zhè shì zhǎo nín de língqián, qǐng diǎnhǎo.
これはお釣りです、確かめてください。

14 收 您 一万 圆，找 您 三千 一百 圆。
Shōu nín yíwàn yuán, zhǎo nín sānqiān yìbǎi yuán.
1万円をお預かりします、3100円のお釣りです。

15 治疗费 和 三天 的 药费 一共 四千 五百 圆。
Zhìliáofèi hé sān tiān de yàofèi yígòng sìqiān wǔbǎi yuán.
診察料と3日分の薬代で4500円になります。

16 请 保重 身体!
Qǐng bǎozhòng shēntǐ!
どうぞ、お大事に。

【常用表现】
药房指南
（薬局案内）

1 请 拿 这 张 处方 到 取药处 取 药。
Qǐng ná zhè zhāng chùfāng dào qǔyàochù qǔ yào.
この処方箋を薬局の窓口へ持っていって、お薬をもらってください。

2 请 拿 这 张 处方 到 院外 药房 取 药。
Qǐng ná zhè zhāng chùfāng dào yuànwài yàofáng qǔ yào.
この処方箋を院外の薬局へ持っていって、お薬をもらってください。

3 这 是 您 的 药，请 收好。
Zhè shì nín de yào, qǐng shōuhǎo.
お薬です、確かめてください。

4 这个 药 请 吞服！
Zhège yào qǐng tūnfú!
かまずに飲み込んでください。

5 这个 退烧药 发烧 时 服 一 片。
Zhège tuìshāoyào fāshāo shí fú yí piàn.
この解熱剤を1錠、熱が出たときに飲んでください。

6 这个 止痛药 头疼 时 服 两 片。
Zhège zhǐtòngyào tóuténg shí fú liǎng piàn.
この鎮痛剤を2錠、頭痛がするときに飲んでください。

7 这个 药片 每天 三 次，饭后 服用。
Zhège yàopiànr měitiān sān cì, fàn hòu fúyòng.
この錠剤は一日3回、食後に飲んでください。

8 请 饭 后 半 小时 内 各 服 两 片。
Qǐng fàn hòu bàn xiǎoshí nèi gè fú liǎng piàn.
食後30分以内に2錠ずつ飲んでください。

9 这 袋 胶囊药 早饭 前 服 一 粒。
Zhè dàir jiāonángyào zǎofàn qián fú yí lì.
このカプセルを朝食前に一個服用してください。

10 这个 膏药 请 十二 小时 换 一 次。
Zhège gāoyào qǐng shí'èr xiǎoshí huàn yí cì.
この膏薬は12時間ごとに、一回換えてください。

11 这 管 药膏 请 您 每天 涂 数 次。
Zhè guǎnr yàogāo qǐng nín měitiān tú shù cì.
この軟膏は一日数回すり込んでください。

12 这 瓶 糖浆 每天 喝 两 次，每 次 一 格。
Zhè píng tángjiāng měitiān hē liǎng cì, měi cì yì gé.
このシロップを一目盛り、一日2回飲んで下さい。

13 这 支 眼药 每天 滴 四 次，每 次 两 三 滴。
Zhè zhī yǎnyào měitiān dī sì cì, měi cì liǎng sān dī.
この目薬を毎日4回、2、3滴ずつさしてください。

14 请 别 忘记 按时 服药。
Qǐng bié wàngjì ànshí fúyào.
時間どおりに薬を飲んでください。

15 服药 后，请 不要 开车。
Fúyào hòu, qǐng búyào kāichē.
服用後、車の運転をしないでください。

16 病状 减轻 后，请 停止 服用。
Bìngzhuàng jiǎnqīng hòu, qǐng tíngzhǐ fúyòng.
症状がなくなったら、服用をやめてください。

❖ 語彙索引

第4課から第16課までの新出単語をABCの順に配列して収める．数字は単語が初出したページを示す．意味や用法が異なる場合はそれぞれのページを記す．

【A】

爱	ài	好む．愛する	63
爱好	àihào	①趣味	59
		②愛好する	63
爱人	àiren	夫または妻．配偶者	25
安静	ānjìng	静かだ	39
安眠药	ānmiányào	睡眠薬	31
安心	ānxīn	（気持ちが）落ち着く	39
按摩	ànmó	マッサージ（をする）	43
按时	ànshí	時間どおりに	39
熬夜	áoyè	徹夜する	59
奥地利	Àodìlì	オーストリア	68

【B】

八	bā	8	20
把	bǎ	～を（どうする）	46
爸	bà	お父さん．父	59
爸爸	bàba	お父さん．父	25
吧	ba	①（推量の意を表す）	18
		②（承知・提案の意を表す）	30,38
白	bái	白い	43
百	bǎi	百	21
摆	bǎi	置く．並べる	52
办	bàn	する．やる．処理する	63
办法	bànfǎ	方法	56
半	bàn	半分．2分の1	32
半个小时	bàn ge xiǎoshí	30分	43
半年	bànnián	半年	43
半天	bàntiān	半日	44
傍晚	bàngwǎn	夕方	41
棒球	bàngqiú	野球	36
包子	bāozi	（肉）まんじゅう	29
保龄球	bǎolíngqiú	ボウリング（ゲーム）	37
保险	bǎoxiǎn	保険	31
保险证	bǎoxiǎnzhèng	保険証	27
报告	bàogào	報告．レポート	63
报考	bàokǎo	出願する	67
报纸	bàozhǐ	新聞	24
～杯	bēi	～杯	28
北	běi	北	23
北边	běibian	北の方．北側	23
北海道	Běihǎidào	北海道	44
北京	Běijīng	北京（市）	27
被	bèi	に～される	54
背后	bèihòu	背後．後ろ	54
钡餐	bèicān	バリウム	52
～本	běn	（本・雑誌を数える量詞）	27
本周	běn zhōu	今週	49
比	bǐ	～より．～に比べて	58
比较	bǐjiào	比較的に．わりに	35
臂	bì	腕	62
标准	biāozhǔn	正確だ	62
表扬	biǎoyáng	ほめる	43
～边	biān	～の方．～側	23
便利店	biànlìdiàn	コンビニエンスストア	44
～遍	biàn	～回	43
别	bié	～するな	38
冰球	bīngqiú	アイスホッケー	37
病房	bìngfáng	病室	23
病房楼	bìngfáng lóu	病棟	23
病理学	bìnglǐxué	病理学	31
病历	bìnglì	病歴．カルテ	20
病人	bìngrén	患者	27
脖子	bózi	首	35
不	bù	①（否定を示す）	18
		②（単独で用いる）いいえ	64
不错	búcuò	悪くない．よい	68
不客气	bú kèqi	どういたしまして	46
不是	bú shì	そうではない	18
不太	bú tài	あまり～ではない	34

93

不要	búyào	～しないで．～するな	39
不用了	búyòngle	いえ結構です	46
不用谢	búyòng xiè	どういたしまして	22
不比	bùbǐ	（比較）～わけではない	59
不好意思	bù hǎoyìsi	すまない．てれくさい	64
不行	bùxíng	いけない．だめだ	54
部位	bùwèi	部位．位置	38

【C】

采血	cǎixiě	採血する	52
菜	cài	①おかず	35
		②料理	63
参加	cānjiā	参加する	39
参考书	cānkǎoshū	参考書	55
厕所	cèsuǒ	便所．トイレ	24
曾经	céngjīng	かつて．以前	43
茶道	chádào	茶道	61
查	chá	調べる	48
查房	chá fáng	病棟回診（する）	32
差不多	chàbuduō	ほとんど同じだ．大差がない	59
尝	cháng	味わう．味を試す	51
唱歌	chàng gē	歌を歌う	61
超市	chāoshì	スーパーマーケット	39
炒菜	chǎocài	油で炒めた料理	29
炒饭	chǎofàn	チャーハン	29
车	chē	自転車．自動車	31,36
车站	chēzhàn	バス停．駅	23
成绩	chéngjì	成績	36
吃	chī	①食べる．食う	31
		②（薬を）飲む	31
吃饭	chī fàn	食事をする	32
抽烟	chōu yān	タバコを吸う	30
～出	chū	（補語に用いる）	55
出院	chūyuàn	退院する	39
出租车	chūzūchē	タクシー	53
初次见面	chūcì jiànmiàn	はじめまして	39
初诊	chūzhěn	初診	18
厨师	chúshī	コック	17
处置室	chùzhìshì	処置室	45
穿	chuān	着る．はく	52
窗户	chuānghu	窓	51
窗台	chuāngtái	窓台	52

词典	cídiǎn	辞書	56
～次	cì	～回．～度	42
刺痛	cìtòng	刺されるように痛む	57
从	cóng	～から	46
～错	cuò	（補語に用いる）	63

【D】

答疑	dáyí	疑問に答える	45
打	dǎ	①（電話を）かける	32
		②（球技を）する	40
		③注射する．打つ	39
打点滴	dǎ diǎndī	点滴注射する	52
打工	dǎgōng	アルバイト（をする）	32
打扫	dǎsǎo	掃除する	51
打算～	dǎsuan	～するつもりだ	39
打针	dǎzhēn	注射する	52
大阪	Dàbǎn	大阪	47
大病	dàbìng	大病．重病	30
大概	dàgài	たぶん．おそらく	38
大家	dàjiā	みんな	67
大学	dàxué	大学	35
大学生	dàxuéshēng	大学生	27
带	dài	持つ	56
戴	dài	かぶる．かける	51
大夫	dàifu	医者	19
蛋糕	dàngāo	ケーキ	51
到	dào	～まで．～に	47
～到	dào	（補語に用いる）	64
得	dé	（病気に）かかる	30
德语	Déyǔ	ドイツ語	28
地	de	（状況語を表す）	35
的	de	①（限定語を表す）18,31,35
		②（体言の代りに用いる） 66
得	de	（補語を導く）	58
等	děng	待つ	42
低	dī	低い	59
第～	dì	第（～整数）	23
弟弟	dìdi	弟	25
地方	dìfang	所．場所	67
地铁	dìtiě	地下鉄	32
地址	dìzhǐ	住所	39
～点	diǎn	～時	32

电车	diànchē	電車	48
电话	diànhuà	電話	32
电脑	diànnǎo	パソコン	28
电视	diànshì	テレビ	24
电梯	diàntī	エレベーター	46
电影	diànyǐng	映画	64
电子词典	diànzǐ cídiǎn	電子辞書	24
电子邮件	diànzǐ yóujiàn	Eメール	48
顶	dǐng	（帽子を数える量詞）	51
丢	diū	紛失する．なくす	46
东	dōng	東	23
东边（儿）	dōngbian(r)	東．東側	24
东京	Dōngjīng	東京	68
东西	dōngxi	物	39
～懂	dǒng	（補語に用いる）	62
都	dōu	みんな．いずれも	31
肚子	dùzi	腹．おなか	33
短	duǎn	短い	67
短期	duǎnqī	短期	39
对	duì	①そうだ．そのとおりだ	30
		②～に．～に対して	47
对不起	duìbuqǐ	ごめんなさい．すまない	22
对面（儿）	duìmiàn(r)	向こう．向かい側	24
对象	duìxiàng	恋人	68
对症下药	duìzhèng xiàyào	病状に応じて投薬する	41
多	duō	多い．たくさん	35
～多	duō	①（数量詞）～あまり	44
		②（補語に用いる）	64
多大	duō dà	どのくらいの（年齢など）	26
多高	duō gāo	どのくらいの（高さ）	27
多少	duōshao	どのくらい．いくら	27
多少钱	duōshao qián	いくら	27

【E】

恶心	ěxin	吐き気がする	33
儿科	érkē	小児科	24
儿子	érzi	息子	25
耳鼻喉科	ěrbíhóukē	耳鼻咽喉科	45
二	èr	2．二番目（の）	19

【F】

发	fā	送る．出す	48
发困	fākùn	眠くなる	57
发懒	fālǎn	だるくなる	57
发麻	fāmá	しびれる	57
发烧	fāshāo	発熱．熱が出る	33
发痒	fāyǎng	痒くなる	57
发音	fāyīn	発音	58
法国	Fǎguó	フランス	32
饭	fàn	ご飯．食事	34
方便	fāngbiàn	都合がよい	40
方向	fāngxiàng	方角．方向	54
房间	fángjiān	部屋．室	24
放射科	fàngshèkē	放射線科	45
飞机	fēijī	飛行機	53
非常	fēicháng	とても．非常に	36
肺结核	fèijiéhé	肺結核	67
肺炎	fèiyán	肺炎	43
费用	fèiyòng	費用	35
分	fēn	～分	41
分钟	fēnzhōng	～分．～分間	41
父母	fùmǔ	両親．父母	26
父亲	fùqin	父親．お父さん	20
妇产科	fùchǎnkē	産婦人科	23
复查	fùchá	再診	18

【G】

肝炎	gānyán	肝炎	31
～干净	gānjìng	（補語に用いる）	63
感冒	gǎnmào	風邪．風邪を引く	33
刚～	gāng	（～した）ばかりだ	42
刚才	gāngcái	さっき．さきほど	31
钢笔	gāngbǐ	ペン	28
钢琴	gāngqín	ピアノ	60
高	gāo	（背が）高い	59
高尔夫球	gāo'ěrfūqiú	ゴルフ	37
高铁	gāotiě	高速鉄道	53
高兴	gāoxìng	うれしい．機嫌がよい	35
告诉	gàosu	教える．知らせる	39
哥	gē	兄．同年輩の男子	55
哥哥	gēge	お兄さん．兄	25
胳膊	gēbo	腕．肩から手首までの部	

		分	63
～个	ge	（広く用いる量詞）	26
给	gěi	～に（～する）	47
工人	gōngrén	労働者	17
工作	gōngzuò	①仕事	34
		②勤める．働く	47
公共汽车	gōnggòng qìchē	路線バス	53
公斤	gōngjīn	キログラム	27
购物	gòu wù	買物をする	61
骨头	gǔtou	骨	54
骨折	gǔzhé	骨折	37
挂号处	guàhàochù	受付	22
拐	guǎi	曲がる	46
关	Guān	関（名字）	51
关心	guānxīn	心を配る．気にかける	48
关照	guānzhào	面倒を見．世話をする	39
～惯	guàn	（補語に用いる）	64
规律	guīlǜ	規則．規律	34
贵	guì	（値段が）高い	35
国	guó	国．国家	63
国家	guójiā	国．国家	36
国民	guómín	国民	64
国外	guówài	国外	44
果汁	guǒzhī	ジュース	27
过	guò	過ごす	59
过敏	guòmǐn	アレルギー	27
过去	guòqù	以前．今まで	34
～过	guo	①（過去の経験を表す）	
		～したことがある	30
		②（補語に用いる）	55

【H】

还	hái	①まだ（～でない）	30
		②また．さらに	60
还是	háishi	それとも	23
孩子	háizi	児童．子供	27
汉堡包	hànbǎobāo	ハンバーガー	29
汉语	Hànyǔ	中国語．漢民族の言葉	28
好	hǎo	①（同意の意を表す）	
		ええ．いいです	30
		②よい．立派だ	34
好～	hǎo	（～し）やすい	54
～好	hǎo	（補語に用いる）	63

好吃	hǎochī	（食べて）おいしい	35
好好儿	hǎohāor	よく．十分に	39
好久	hǎojiǔ	長い間．長いこと	62
～号	hào	～日．～号	20,51
号码（儿）	hàomǎ(r)	番号．ナンバー	40
喝	hē	飲む	32
和	hé	①～と～	26
		②～と．～に	46
黑板	hēibǎn	黒板	63
很	hěn	とても．たいへん	35
红	hóng	赤い	52
红茶	hóngchá	紅茶	29
～后	hòu	①～の後ろ．～のうら	23
		②（時間的に）～あと	34
后天	hòutiān	あさって	31
候诊室	hòuzhěnshì	診察待合室	39
护士	hùshi	看護師	17
护士站	hùshizhàn	ナース・ステーション	55
护士长	hùshizhǎng	師長	19
护校	hùxiào	看護学校の略	67
花	huā	花	39
花茶	huāchá	ジャスミン茶	20
花道	huādào	華道	61
花粉症	huāfěnzhèng	花粉症	68
滑冰	huábīng	スケート（をする）	37
滑雪	huáxuě	スキー（をする）	37
话	huà	話	39
怀孕	huáiyùn	妊娠する	33
还	huán	返す	47
换药	huàn yào	塗り薬を交換する	52
患者	huànzhě	患者	18
恢复	huīfù	回復する	62
回	huí	①帰る．戻る	67
～回	huí	（補語に用いる）	55
回答	huídá	回答する．答える	51
回家	huí jiā	帰宅する	65
会～	huì	～することができる	39
～会	huì	（補語に用いる）	63
会话	huìhuà	会話	47
绘画	huìhuà	絵画	64
火辣辣地疼	huǒlàlàde téng	ひりひり痛む	57

【J】

机场	jīchǎng	空港	48
鸡肉	jīròu	トリ肉．チキン	64
急事	jíshì	急用	40
急诊	jízhěn	急診	19
急诊室	jízhěnshì	救急診察室	45
疾病	jíbìng	疾病．病気	56
集中治疗室	jízhōng zhìliáoshì	集中治療室．ICU	45
几	jǐ	いくつ．いくら	27
几点	jǐ diǎn	何時	31
既往病史	jìwǎng bìngshǐ	既往症	29
寂寞	jìmò	寂しい	36
加入	jiārù	加入する	31
家	jiā	家庭．家族．家	27
家属	jiāshǔ	家族	47
坚持	jiānchí	頑張って続ける	62
～间	jiān	(部屋を数える量詞)	51
肩膀	jiānbǎng	肩	35
减肥	jiǎnféi	ダイエットする	51
简单	jiǎndān	やさしい．簡単だ	36
见	jiàn	①会う．顔を会わせる	43
～见	jiàn	(補語に用いる)	63
～件	jiàn	(衣類や事柄などを数える量詞)	28,31
健康	jiànkāng	健康	64
渐渐	jiànjiàn	だんだん．しだいに	43
交际	jiāojì	交際する．付き合う	61
教	jiāo	教える	31
饺子	jiǎozi	ギョーザ	29
叫	jiào	①（名前は）～という	26
		②呼び寄せる	32
		③(受身文に用いる)	55
		④(兼語文に用いる)	67
教师	jiàoshī	教師．教員	17
教室	jiàoshì	教室	51
接	jiē	電話に出る	51
接受	jiēshòu	受ける	52
结婚	jiéhūn	結婚（する）	30
姐姐	jiějie	姉	25
姐妹	jiěmèi	姉妹	26
解难	jiěnán	困難や難問を解決する	45
解脱	jiětuō	抜け出す	56
介绍	jièshào	紹介する	17
借	jiè	借りる	56
今年	jīnnián	今年	20
今天	jīntiān	今日	19
紧张	jǐnzhāng	緊張する	68
尽量	jǐnliàng	できるだけ	35
～进	jìn	(補語に用いる)	55
近	jìn	近い	47
京都	Jīngdū	京都	35
经常	jīngcháng	いつも．しょっちゅう	34
警察	jǐngchá	警察	17
警车	jǐngchē	パトカー	53
静脉	jìngmài	静脈	63
九	jiǔ	九	21
久等	jiǔděng	長い間待つ	68
救护车	jiùhùchē	救急車	32
就	jiù	①すぐ	46
		②（強調を表す）	66
就诊	jiùzhěn	医者に診てもらう	49
橘子	júzi	みかん	28
剧痛	jùtòng	激痛	57
觉得	juéde	感じる．～と思う	58

【K】

咖啡	kāfēi	コーヒー	28
卡车	kǎchē	トラック	53
开	kāi	①運転する	38
		②（処方箋を）書く	42
		③開く	51
		④咲く	67
开车	kāi chē	(車を)運転する	40
开水	kāishuǐ	お湯．白湯	35
《看护学》	Kānhù xué	『看護学』（書名）	43
看	kàn	①見る．読む	43
		②会う	63
		③見舞う．訪ねる	66
看病	kàn bìng	①診察を受ける	32
		②診察する	50
看书	kàn shū	本を読む．読書	52
康复	kāngfù	快復する	66
康复科	kāngfùkē	リハビリテーション科	45
考试	kǎoshì	試験（をする）	36
科长	kēzhǎng	課長	55

咳嗽	késou	咳（をする）	33		凉快	liángkuai	涼しい	36
可乐	kělè	コーラ飲料の略	29		凉水	liángshuǐ	冷たい水．生水	23
可能	kěnéng	かも知れない．らしい	58		量	liáng	測る	51
可以～	kěyǐ	～できる	38		两～	liǎng	（量詞の前に用いる）2	21
刻	kè	15分間	41		～辆	liàng	（車や自転車を数える量詞）	28
客气	kèqi	遠慮する	62		零	líng	零．ゼロ	21
客人	kèren	客．お客さん	27		流利	liúlì	流暢だ	60
课	kè	授業．～課	28		留学	liúxué	留学（する）	39
～口	kǒu	（家庭の人数を数える量詞）	27		留学生	liúxuéshēng	留学生	18
					六	liù	6	21
口服药	kǒufúyào	内服薬	48		～楼	lóu	（建物の階層を数える量詞）～階	22
口腔科	kǒuqiāngkē	歯科	45					
口罩	kǒuzhào	マスク	56		楼上	lóushàng	階上	55
哭	kū	泣く	59		旅游	lǚyóu	観光旅行（する）	44
快	kuài	速い	43		绿茶	lǜchá	緑茶	20
快～了	kuài～le	ほどなく．まもなく	66		轮椅	lúnyǐ	車椅子	19

【L】

【M】

垃圾	lājī	ごみ	55		妈妈	māma	お母さん．母	25
来	lái	来る．やって来る	31		麻烦您了	máfan nín le	ご面倒を掛けました	42
～来	lái	（補語に用いる）	55		马上	mǎshàng	すぐ．ただちに	43
篮球	lánqiú	バスケットボール	37		吗	ma	～か	18
老～	lǎo	（名字）～さん	43		买	mǎi	買う	44
老家	lǎojiā	実家．故郷．故里	48		卖	mài	売る	64
老师	lǎoshī	先生．教師	20		脉搏	màibó	脈拍	55
老乡	lǎoxiāng	同郷者	20		漫画	mànhuà	漫画	27
姥姥	lǎolao	（母方の）おばあさん	25		慢	màn	遅い．ゆっくりだ	38
姥爷	lǎoye	（母方の）おじいさん	25		忙	máng	忙しい	34
了	le	（完了や変化などを表す）	30,42		毛巾	máojīn	タオル	28
累	lèi	疲れる	60		毛衣	máoyī	毛糸のセーター	28
冷	lěng	寒い	36		帽子	màozi	帽子	51
厘米	límǐ	センチメートル	59		没(有)	méi (yǒu)	①（存在の否定を表す動詞）	22
离	lí	～から．～まで	46				②（所有の否定を表す動詞）	27
李	Lǐ	李（名字）	24					
李梅	Lǐ Méi	李梅（人名）	59				③（比較文の否定を表す動詞）ほど～ない．及ばない	58
李丽	Lǐ Lì	李麗（人名）	44					
～里	lǐ	～の中	23					
里面	lǐmiàn	～中．内部	39		没(有)	méi (you)	（完了の否定を表す副詞）	30
理疗	lǐliáo	物理療法	62		没事儿	méishìr	たいしたことはない	54
疗养	liáoyǎng	療養する	37		没问题	méi wèntí	大丈夫だ．問題がない	38
聊天儿	liáotiānr	雑談する	51		没意思	méi yìsi	面白くない．退屈だ	36
练习	liànxí	練習（する）	35					

梅花	méihuā	梅花	68
每天	měitiān	毎日	31
美国	Měiguó	アメリカ	32
美国人	Měiguórén	アメリカ人	20
妹妹	mèimei	妹	25
～们	men	～たち．～ら	18
米饭	mǐfàn	米の飯．ライス	29
～面	miàn	～の方．～側	23
面包	miànbāo	パン	27
面条(儿)	miàntiáo(r)	(うどん・そばなどの)麺類	29
名字	míngzi	名前	26
明天	míngtiān	あす．あした	31
摩托车	mótuōchē	オートバイ	28

【N】

哪	nǎ	どれ	19
哪里	nǎli	①どこ．どちら	23
		②いやいや（どういたしまして）	58
哪儿	nǎr	どこ．どちら	22
哪儿的话	nǎr de huà	どういたしまして	66
那	nà	それ．あれ	19
那个	nàge	その．あの	35
那里	nàli	そこあそこ	23
那儿	nàr	そこ．あそこ	23
纳豆	nàdòu	納豆	64
奶奶	nǎinai	（父方の）おばあさん	25
南	nán	南	23
南京	Nánjīng	南京（市）	32
男朋友	nánpéngyou	ボーイフレンド	19
难	nán	難しい	36
脑	nǎo	脳	39
呢	ne	①（答えを促す気分を表す）	38
		②（進行を表す）	50
内科	nèikē	内科	19
能～	néng	～できる	38
你	nǐ	君．あなた．おまえ	18
你好	nǐ hǎo	こんにちは	18
您	nín	あなた（敬称）	18
您好	nín hǎo	こんにちは	18
～年	nián	～年．～年間	43

年龄	niánlíng	年齢	26
牛奶	niúnǎi	牛乳．ミルク	29
牛肉	niúròu	牛肉	64
女	nǚ	女．女性（の）	27
女儿	nǚ'ér	娘	25
女朋友	nǚpéngyou	ガールフレンド	20
暖和	nuǎnhuo	暖かい	36

【P】

排球	páiqiú	バレーボール	37
～旁	páng	～そば．横．となり	23
旁边(儿)	pángbiān(r)	～そば．～横	22
胖	pàng	太っている	51
陪	péi	お供をする	46
盆	pén	(鉢に入れたものを数える量詞)	52
烹调	pēngtiáo	調理する	61
朋友	péngyou	友人．友達．恋人	18
批评	pīpíng	叱る	43
皮肤科	pífūkē	皮膚科	45
啤酒	píjiǔ	ビール	27
便宜	piányi	安い．安くする	36
～片	piàn	(平たくて薄いものを数える量詞)	27
票	piào	入場券．チケット	64
漂亮	piàoliang	きれいだ．見事だ	36
乒乓球	pīngpāngqiú	卓球	37
苹果	píngguǒ	りんご	64
～瓶	píng	(瓶状ものを数える量詞)	27
破费	pòfèi	費やす．散財をする	68
葡萄糖	pútaotáng	ブドウ糖	64

【Q】

七	qī	7	21
妻子	qīzi	妻	25
期末	qīmò	期末	48
其他	qítā	ほかの	52
骑	qí	(自転車に)乗る	31
～起	qǐ	(補語に用いる)	55
起床	qǐchuáng	起きる．起床（する）	65
～起来	qilai	(補語に用いる)	54
气候	qìhòu	気候	59

99

気温	qìwēn	気温	59
汽车	qìchē	自動車	28
千	qiān	千	21
～前	qián	～の前	23
前边(儿)	qiánbian(r)	前．前方	24
前面	qiánmian	前．前の方	23
前天	qiántiān	一昨日．おととい	49
钱	qián	お金	27
钱包	qiánbāo	財布	46
亲切	qīnqiè	親切だ	47
清晨	qīngchén	早朝	41
清楚	qīngchu	明らかだ	67
～清楚	qīngchu	（補語に用いる）	63
清扫	qīngsǎo	掃き清める	65
清闲	qīngxián	暇．のんびりしている	36
请	qǐng	どうぞ（～して下さい）	30
请多保重	qǐng duō bǎozhòng	お体をお大事に	42
请问	qǐngwèn	お尋ねします	18
取	qǔ	取る	32
去	qù	行く．出かける	31
～去	qù	（補語に用いる）	55
拳击	quánjī	ボクシング	37
痊愈	quányù	全快する．快癒する	38
确认	quèrèn	確認する	25

【R】

让	ràng	（兼語文に用いる）	67
热	rè	暑い．熱い	36
热水	rèshuǐ	お湯	23
人	rén	人	23
认真	rènzhēn	真剣だ．まじめだ	35
扔	rēng	捨てる	55
日本	Rìběn	日本	56
日本菜	Rìběn cài	日本料理	63
日本人	Rìběnrén	日本人	20
日常	rìcháng	日常	61
日记	rìjì	日記	48
日语	Rìyǔ	日本語	39
入学	rùxué	入学（する）	43

【S】

赛	sài	試合（をする）	36
三	sān	3	21
三个月	sān ge yuè	三か月	49
嗓子	sǎngzi	のど	33
～上	shàng	①～の上．～の中	23
		②（補語に用いる）	55
上	shàng	上がる	46
上班	shàngbān	出勤する	31
上次	shàngcì	前回	42
上个月	shàng ge yuè	先月	49
上海	Shànghǎi	上海（市）	59
上午	shàngwǔ	午前	31
上周	shàng zhōu	先週	49
烧心	shāoxīn	胸焼けがする	31
稍	shāo	すこし．やや	50
少	shǎo	少ない	59
摄影	shèyǐng	撮影する	61
谁	shéi	誰	19
伸	shēn	伸ばす．出す	55
身高	shēngāo	身長．背丈	27
什么	shénme	①なに．どんな	23
		②なにか	30
什么时候	shénme shíhou	いつ	38
神社	shénshè	神社	67
生活	shēnghuó	生活．暮らし	34
生日	shēngrì	誕生日	20
十	shí	10	19
时间	shíjiān	時間	48
实习	shíxí	実習（する）	31
实习生	shíxíshēng	実習生	43
食欲	shíyù	食欲	34
是	shì	①～だ．～である	18
		②（返事）はい．そうです	18
（是）～的	(shì)~de	（強調を表す）	54
（是）～,还是～	(shì)~, háishi~	～か,それとも～か	23
市立	shìlì	市立	51
市内	shìnèi	市内	48
事(儿)	shì(r)	①用事	39
		②事	31
收费处	shōufèichù	会計窓口	24

手机	shǒujī	携帯電話	27
手术	shǒushù	手術	32
手术室	shǒushùshì	手術室	45
手续	shǒuxù	手続き	63
书	shū	本	36
书包	shūbāo	（学生用）かばん	19
书店	shūdiàn	書店	31
书法	shūfǎ	書道	61
舒服	shūfu	気分や体調がよい	34
暑假	shǔjià	夏休み	40
～束	shù	～束	39
刷牙	shuā yá	歯を磨く	65
水果	shuǐguǒ	果物	63
睡	shuì	眠る．寝る	58
睡觉	shuìjiào	眠る	43
睡眠	shuìmián	睡眠	35
说	shuō	言う．話す	31
说明	shuōmíng	説明する	63
司机	sījī	運転手	17
四	sì	4	20
送	sòng	送る．届ける	47
酸奶	suānnǎi	ヨーグルト	29
～岁	suì	～歳	19

【T】

他	tā	彼	18
她	tā	彼女	19
它	tā	それ	19
～台	tái	（電化製品や機械などを数える量詞）	28
抬	tái	上げる	62
太	tài	たいへん．とても	58
弹	tán	弾く	60
探视	tànshì	見舞う	48
糖尿病	tángniàobìng	糖尿病	27
躺	tǎng	横になる	52
～趟	tàng	～回	43
特别	tèbié	特に．とりわけ	34
特意	tèyì	わざわざ	66
疼	téng	痛い．痛む	33
踢	tī	ける	68
提包	tíbāo	ハンドバック	67
体检	tǐjiǎn	健康診断	39
体温	tǐwēn	体温	52
体重	tǐzhòng	体重	27
～天	tiān	～日．～日間	42
天气	tiānqì	天気	56
添麻烦	tiān máfan	迷惑をかける	66
～条	tiáo	（細長いものを数える量詞）	28
跳着疼	tiàozhe téng	ずきずき痛む	57
跳舞	tiàowǔ	踊る．ダンス（をする）	61
听	tīng	聞く	39
听说	tīngshuō	聞くところによると	66
听诊器	tīngzhěnqì	聴診器	20
停	tíng	停車する．とめる	51
同学	tóngxué	クラスメート	21
头发	tóufa	髪の毛．髪	43
头疼	tóu téng	頭痛	33
透视	tòushì	X線検査（する）	52
退烧	tuìshāo	熱が下がる	42
退烧药	tuìshāoyào	解熱剤	20
图书馆	túshūguǎn	図書館	63

【W】

～外	wài	～の外	23
外国人	wàiguórén	外国人	18
外科	wàikē	外科	18
～完	wán	（補語に用いる）	63
挽	wǎn	まくり上げる	55
晚	wǎn	遅い．遅れる	59,67
晚上	wǎnshang	夜	41
王	Wáng	王（名字）	36
网球	wǎngqiú	テニス	37
往	wǎng	～へ．～に	46
～位	wèi	（敬意をこめて人を数える量詞）	27
胃	wèi	胃	33
胃病	wèibìng	胃病	34
为什么	wèi shénme	なぜ．どうして	38
问	wèn	聞く．問う	30
问题	wèntí	質問．問題	30
问诊	wènzhěn	問診する	25
我	wǒ	私．ぼく．おれ	18
乌龙茶	wūlóngchá	ウーロン茶	29
吴	Wú	呉（名字）	48

五	wǔ	5	20
舞蹈	wǔdǎo	踊る．ダンス	64

【X】

西	xī	西	23
吸尘器	xīchénqì	掃除機	24
吸烟	xīyān	喫煙する	30
希望	xīwàng	望む．希望（する）	67
洗脸	xǐ liǎn	顔を洗う	65
洗手间	xǐshǒujiān	トイレ．手洗い	22
洗衣机	xǐyījī	洗濯機	24
洗澡	xǐzǎo	入浴する	51
喜欢	xǐhuan	好きだ．好む	62
～下	xià	①～の下	23
		②（補語に用いる）	55
下（个）～	xià (ge)	次の～．今度の～	38
下个月	xià ge yuè	来月	49
～下来	xialai	（補語に用いる）	55
下午	xiàwǔ	午後	31
下周	xià zhōu	来週	49
先	xiān	まず．とりあえず	54
先生	xiānsheng	～さん（男性）	62
鲜花	xiānhuā	生花	52
现在	xiànzài	現在．いま	38
献血	xiànxuě	献血をする	40
相扑	xiāngpū	相撲	37
相似	xiāngsì	似ている	59
香	xiāng	ぐっすり（寝る）	58
香蕉	xiāngjiāo	バナナ	31
想～	xiǎng	～したい．希望する	38
想	xiǎng	考える．思う	56
消炎药	xiāoyányào	消炎剤	42
小～	xiǎo	（名字）～君．～さん	35
小	xiǎo	小さい	39
小肚子	xiǎodùzi	下腹	35
小儿科	xiǎo'érkē	小児科	45
小考	xiǎokǎo	小テスト	52
～小时	xiǎoshí	～時間	27
小说	xiǎoshuō	小説	27
校友	xiàoyǒu	校友．学友	20
笑	xiào	笑う	51
～些	xiē	（複数を表す）～ら	19
写	xiě	書く	48

泻肚	xièdù	腹を下す	33
谢谢	xièxie	有難う．感謝する	22,62
心电图室	xīndiàntúshì	心電図室	45
心烦	xīnfán	いらいらする	57
心意	xīnyì	心．気持ち	39
心脏病	xīnzàngbìng	心臓病	26
新	xīn	新しい	35
新干线	xīngànxiàn	新幹線	53
新年	xīnnián	元旦．正月	68
兴奋	xīngfèn	興奮する	60
星期	xīngqī	曜日．週	49
星期六	xīngqīliù	土曜日	31
星期三	xīngqīsān	水曜日	50
星期天	xīngqītiān	日曜日	19
星期五	xīngqīwǔ	金曜日	40
星期一	xīngqīyī	月曜日	47
行	xíng	よろしい．大丈夫だ	31
性格	xìnggé	性格	59
兄弟	xiōngdì	兄弟	26
胸闷	xiōngmèn	胸苦しい	33
休息	xiūxi	休む．眠る．寝る	43,58
袖子	xiùzi	袖	55
学	xué	学ぶ．習う	43
学生	xuésheng	学生．生徒	17
学习	xuéxí	①学習（する）	39
		②勉強（する）	48
学校	xuéxiào	学校	32
血压	xuèyā	血圧	27
血压计	xuèyājì	血圧計	35

【Y】

牙科	yákē	歯科	24
研究室	yánjiūshì	研究室	24
眼睛	yǎnjing	目	52
眼科	yǎnkē	眼科	46
演员	yǎnyuán	俳優．役者	17
养	yǎng	休養する．養生する	38
养宠物	yǎng chǒngwù	ペットを飼う	61
养花	yǎng huā	花を栽培する	61
要求	yāoqiú	要求（する）．求める	67
腰	yāo	腰	33
药	yào	薬	32
药房	yàofáng	（病院の）薬局．薬屋	24

药费	yàofèi	薬代	36
药剂师	yàojìshī	薬剤師	17
药片(儿)	yàopiàn(r)	錠剤	27
药物	yàowù	薬物	27
要～	yào	①～しようとする．～したい	39
		②（～し）なくてはならない	39
要～了	yào～le	もうすぐ～となる	66
爷爷	yéye	（父方の）おじいさん	25
也	yě	～も	22
夜班	yèbān	夜勤．宿直	31
夜间	yèjiān	夜間	41
一	yī	1	21
一个半月	yí ge bàn yuè	一か月半	43
一个月	yí ge yuè	一か月	49
～一下(儿)	yíxià(r)	ちょっと（～する）	50
一样	yíyàng	同じだ	59
一点儿	yìdiǎnr	少し．わずか	42
一起	yìqǐ	いっしょに	46
一晚上	yì wǎnshang	一晩	60
衣服	yīfu	服．着物	52
医疗	yīliáo	医療	35
医生	yīshēng	医者．医師	17
医院	yīyuàn	病院．医院	19
颐和园	Yíhéyuán	頤和園	27
已经	yǐjīng	すでに．もう	42
以后	yǐhòu	以後．それより後	39
以前	yǐqián	以前．それより前	30
椅子	yǐzi	椅子	51
意大利	Yìdàlì	イタリア	27
音乐	yīnyuè	音楽	52
银行	yínháng	銀行	23
隐形眼镜	yǐnxíng yǎnjìng	コンタクトレンズ	64
隐隐作痛	yǐnyǐn zuòtòng	しくしく痛む	57
应该～	yīnggāi	～すべきだ	39
英语	Yīngyǔ	英語	44
樱花	yīnghuā	サクラ．サクラの花	67
用	yòng	～で（～する）	47
用餐	yòng cān	食事をする	65
邮局	yóujú	郵便局	24
游泳	yóuyǒng	泳ぐ．水泳	37
有	yǒu	①～に～がある・いる	22
		②いる．有る．持つ	26
有点(儿)	yǒudiǎn(r)	少し．少々	35
有名	yǒumíng	有名だ	36
有时	yǒushí	時には	35
有意思	yǒu yìsi	おもしろい	35
又	yòu	また．そのうえ	63
右	yòu	右	23
愉快	yúkuài	楽しい．愉快だ	36
羽毛球	yǔmáoqiú	バドミントン	37
雨伞	yǔsǎn	雨傘	19
预约	yùyuē	予約する	49
圆珠笔	yuánzhūbǐ	ボールペン	28
远	yuǎn	遠い	46
院长	yuànzhǎng	院長	51
约会	yuēhuì	デート（をする）	40
～月	yuè	（暦の上の）月	20
月票	yuèpiào	定期券	28
乐器	yuèqì	楽器	64
运动	yùndòng	スポーツ．運動する	61

【Z】

杂志	zázhì	雑誌	28
在	zài	①は～にある・いる	22
		②～で．～に	47
在～	zài	（進行を表す）	50
再	zài	もっと．さらに	42
糟了	zāole	しまった	46
早上	zǎoshang	朝	31
早日	zǎorì	一日も早く．早めに	66
怎么	zěnme	①どのように	46
		②なぜ	47
怎么样	zěnmeyàng	どうですか	34
增加	zēngjiā	増加する．増える	59
站	zhàn	①駅．停留所	47
		②立つ	54
～张	zhāng	～枚	28
丈夫	zhàngfu	夫	25
着急	zháojí	焦る	38
找	zhǎo	探す	46
照相机	zhàoxiàngjī	カメラ	56
这	zhè	これ．この	19,66
这个	zhège	これ	27
这个月	zhège yuè	今月	49
这儿	zhèr	ここ．こちら	23

这里	zhèli	ここ．こちら	23
～着	zhe	（持続や存続などを表す）	50
针灸	zhēnjiǔ	鍼灸	43
诊断	zhěnduàn	診断する	33
诊室	zhěnshì	診療室	23
阵痛	zhèntòng	陣痛	57
正～	zhèng	（進行を表す）	50
正门	zhèngmén	正門	51
知道	zhīdao	知っている．分かる	31
值	zhí	当番をする	31
值班	zhíbān	当直（する）	51
值班医生	zhíbān yīshēng	当直医	35
职员	zhíyuán	職員．事務員	17
止痛药	zhǐtòngyào	鎮痛剤	20
指甲刀	zhǐjiadāo	爪切り	47
指南	zhǐnán	案内	21
治疗	zhìliáo	治療する	33
中国	Zhōngguó	中国	18
中国菜	Zhōngguó cài	中華料理	60
中国人	Zhōngguórén	中国人	18
中午	zhōngwǔ	正午．昼ごろ	41
中学	zhōngxué	中学・高校	56
中医	zhōngyī	中国医学．漢方医	39
种	zhǒng	種別．種類	48
肿瘤	zhǒngliú	腫瘍	39
肿瘤科	zhǒngliúkē	腫瘍科	45
～周	zhōu	～週．～週間	43

主妇	zhǔfù	主婦	17
主任	zhǔrèn	主任	19
住院	zhùyuàn	入院する	57
注射	zhùshè	注射（する）	43
祝	zhù	祈る．心から願う	66
撞	zhuàng	ぶつかる．はねる	54
准备～	zhǔnbèi	～するつもりだ	39
准备	zhǔnbèi	準備する．用意する	51
桌子	zhuōzi	机	24
走	zǒu	歩く．行く	46
走廊	zǒuláng	廊下	56
资料	zīliào	資料	48
自己	zìjǐ	自分．自身	54
自我	zìwǒ	自己．自分	17
自行车	zìxíngchē	自転車	28
字	zì	字	63
足球	zúqiú	サッカー	68
最	zuì	最も．いちばん	35
最高	zuìgāo	最高．いちばん高い	59
最近	zuìjìn	最近．この間	27
昨天	zuótiān	昨日	36
左	zuǒ	左	23
左边	zuǒbian	左．左側	23
作业	zuòyè	宿題	52
坐	zuò	①（乗り物に）乗る	32
		②座る．腰かける	34
做	zuò	する．作る	32,39

劉　建 (LIU JIAN)
りゅう　けん
京都中央看護保健大学校・京都大学などの講師を務める。専攻は中日比較文化・比較言語学。
おもな著書に『仏教東漸』(中国社会科学文献出版社)、『大学漢語』(白帝社)、『中国文化漫談』(白帝社)、『新しい中国語』(白帝社)などがある。

メディカル基礎中国語　音声ダウンロード

2017 年 2 月 7 日　初版発行
2023 年 3 月 22 日　第 4 刷発行

著　者　　劉　建
発　行　者　　佐藤和幸
発　行　所　　白帝社
　　　　　　〒171-0014　東京都豊島区池袋 2-65-1
　　　　　　電話　03-3986-3271
　　　　　　Fax　03-3986-3272
　　　　　　info@hakuteisha.co.jp
　　　　　　https://www.hakuteisha.co.jp

印　刷　　倉敷印刷（株）
製　本　　ティーケー出版印刷（株）
編集・組版　加藤浩志（木曜舎）

Printed in Japan〈検印省略〉6914　ISBN978-4-86398-267-3
©LIU JIAN 2017　＊定価はカバーに表示してあります